서울특별시 서울의료원

(전공) 필기시험

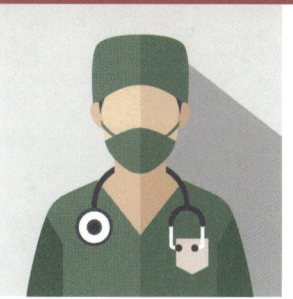

서울특별시 서울의료원
(전공) 필기시험

개정4판 인쇄	2024년 04월 12일
개정5판 발행	2025년 07월 21일

편 저 자	간호시험연구소
발 행 처	㈜서원각
등록번호	1999-1A-107호
주　　소	경기도 고양시 일산서구 덕산로 88-45(가좌동)
교재주문	031-923-2051
팩　　스	031-923-3815
교재문의	카카오톡 플러스 친구[서원각]
홈페이지	goseowon.com

▷ 이 책은 저작권법에 따라 보호받는 저작물로 무단 전재, 복제, 전송 행위를 금지합니다.
▷ 내용의 전부 또는 일부를 사용하려면 저작권자와 (주)서원각의 서면 동의를 반드시 받아야 합니다.
▷ ISBN과 가격은 표지 뒷면에 있습니다.
▷ 파본은 구입하신 곳에서 교환해드립니다.

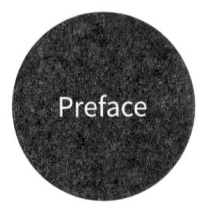

서울의료원은 진료와 의학연구를 통해 시민의 건강 향상을 도모하고 의학 발전에 도모하기 위해 설립되었습니다.

서울의료원은 서울시를 대표하는 공공병원으로 서울시민을 위한 공공적 의료서비스와 서울시, 더 나아가 국민 모두를 위한 공공의료정책들을 개발하며 수행해 나가고 있는 시민의 병원입니다.

1911년 우리나라 최초의 감염병 대응을 위한 근대화 병원인 순화병원을 효시로 시립 강남병원, 그리고 지방공사 강남병원을 거쳐 2006년 서울특별시 서울의료원으로 자리 잡아 현재에 이르게 된 우리 서울의료원은 100년이 넘는 우리나라 공공의료의 역사를 지키며 선도해 왔습니다. 또한 간호간병 통합서비스를 국내 최초로 개발하여 전국화를 이끌어내는 등 우리나라 의료여건을 더욱 공공성 있게 바꾸어내기 위한 다양한 의료정책들을 개척해나가고 있습니다.

서울의료원의 (전공)필기시험의 기출복원문제 1회분과 기출유형 모의고사 5회분을 구성하였습니다. 다방면에서 출제되기 때문에 자주 나오는 유형을 확인하고 그에 맞는 학습이 필요합니다. 본서에서 출제유형에 맞게 구성한 모의고사를 통해 시험장에 가기 전에 실력점검을 할 수 있도록 구성하였습니다.

본서가 합격을 향하는 수험생 여러분에게 힘이 되길 바라며 서원각이 진심으로 응원하겠습니다.

Structure

2023 기출 복원문제 ➕ 기출유형 모의고사 5회분 ➕ 자세한 해설 및 답안지

병원 정보를 상세하게 확인하세요!

면접 기출복원 질문을 한눈에 확인하세요!

다양한 과목과 유형의 모의고사로 실전대비 하세요!

한 회차의 정답을 한눈에 확인하세요!

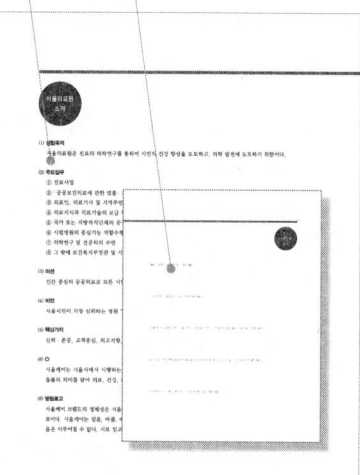

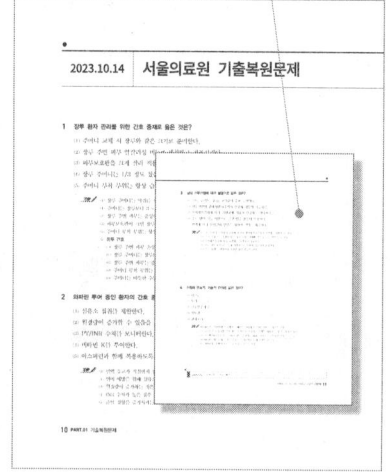

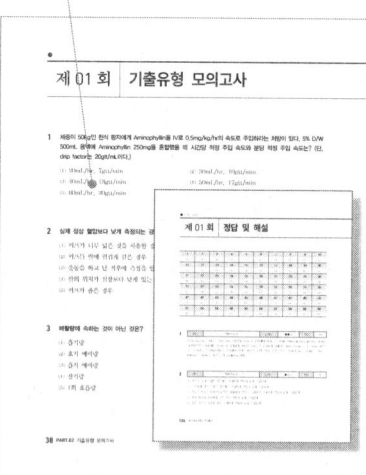

서울의료원 소개 및 면접 질문

서울특별시 서울의료원의 전반적인 정보를 확인하고 면접 기출복원 질문에 직접 답변을 작성해보면서 준비해보세요.

2023년 시행 기출문제 복원

2023년에 시행한 서울특별시 서울의료원 1차 전형 필기시험 문제를 복원하여 수록하였습니다. 실제 유형을 파악할 수 있습니다.

5회분 기출유형 모의고사

기출유형에 맞춰서 수록한 모의고사를 5회분을 상세한 해설과 함께 수록하였습니다.

CHAPTER 01 기출복원문제

2023.10.14 기출복원문제 ········· 010

CHAPTER 02 기출유형 모의고사

제01회 기출유형 모의고사 ········· 038
제02회 기출유형 모의고사 ········· 054
제03회 기출유형 모의고사 ········· 072
제04회 기출유형 모의고사 ········· 088
제05회 기출유형 모의고사 ········· 106

CHAPTER 03 정답 및 해설

제01회 정답 및 해설 ········· 124
제02회 정답 및 해설 ········· 141
제03회 정답 및 해설 ········· 159
제04회 정답 및 해설 ········· 173
제05회 정답 및 해설 ········· 188

(1) 설립목적
서울의료원은 진료와 의학연구를 통하여 시민의 건강 향상을 도모하고, 의학 발전에 도모하기 위함이다.

(2) 주요업무
① 진료사업
②「공공보건의료에 관한 법률」제2조 제2호의 공공보건의료사업
③ 의료인, 의료기사 및 지역주민의 보건교육사업
④ 의료지식과 치료기술의 보급 등에 관한 사항
⑤ 국가 또는 지방자치단체의 공공보건 의료시책의 수행
⑥ 시립병원의 중심기능 역할수행
⑦ 의학연구 및 전공의의 수련
⑧ 그 밖에 보건복지부장관 및 서울특별시장이 필요하다고 인정한 보건의료사업의 수행 및 관리

(3) 미션
인간 중심의 공공의료로 모든 시민의 차별 없는 건강과 행복을 실현한다.

(4) 비전
서울시민이 가장 신뢰하는 병원 "좋은 병원에서 최고의 병원으로"

(5) 핵심가치
신뢰 · 존중, 고객중심, 최고지향, 박애 · 헌신

(6) CI
서울케어는 서울시에서 시행하는 모든 복지 관련 정책을 아우르는 서울시 복지분야 대표 브랜드로 개발되었다. 배려, 돌봄의 의미를 담아 의료, 건강, 복지 뿐 아니라 복지 정책간의 연결을 통해 따뜻한 보살핌의 의미를 아우른다.

(6) 병원로고
서울케어 브랜드의 정체성은 서울케어가 지향하는 가치이고, 브랜드 커뮤니케이션의 토대와 방향성이 되는 본질이자 목표이다. 서울케어는 믿음, 바름, 배려라는 서로 연관된다. 따라서 믿음이 없는 바름, 바름이 없는 배려, 배려가 없는 믿음은 이루어질 수 없다. 서로 믿고 바르게 배려하는 삶의 복지를 추구하는 돌봄 서비스가 서울케어 브랜드 개념이다.

30초 내외로 자기소개를 해보세요.

우리 병원을 지원한 동기를 설명해보세요.

환자의 보호자가 고성을 지르며 강력하게 항의를 할 때 어떻게 대처할 것인지 말해보세요.

서울의료원의 핵심가치 중에서 자신의 가치관과 가장 부합한 것을 선택하여 말해보세요.

본인만의 스트레스 해결법은 무엇이 있는지 말해보세요.

2023. 10. 14 서울의료원 기출복원문제

PART 01

기출 복원문제

2023.10.14 서울의료원 기출복원문제

1 장루 환자 관리를 위한 간호 중재로 옳은 것은?

① 주머니 교체 시 장루와 같은 크기로 준비한다.
② 장루 주변 피부 알칼리성 비누로 세척하고 건조시킨다.
③ 피부보호판을 크게 잘라 적용하여 장루 자극을 예방한다.
④ 장루 주머니는 1/3 정도 찼을 때 비운다.
⑤ 주머니 부착 부위는 항상 습윤제를 도포한다.

> **TIP** ④ 장루 주머니는 악취를 가능한 억제하기 위해 1/2 ~ 1/3 정도 찼을 때 비운다.
> ① 주머니는 장루보다 3 ~ 5mm 정도 크게 준비한다.
> ② 장루 주변 피부는 중성세제를 사용하여 닦는다.
> ③ 피부보호판이 크면 장루와 보호판 사이로 변이 새어나와 주변 피부에 자극을 줄 수 있다.
> ⑤ 주머니 부착 부위는 항상 건조하게 유지한다.
>
> ※ 장루 간호
> ㉠ 장루 주변 피부 손상 유무를 주기적으로 확인한다.
> ㉡ 장루 주머니는 장루보다 3 ~ 5mm 크게 하며, 1/2 ~ 1/3 정도 차면 비운다.
> ㉢ 장루 주변 피부는 중성세제로 닦는다.
> ㉣ 주머니 부착 부위는 항상 건조하게 유지한다.
> ㉤ 주머니는 따뜻한 수돗물로 닦는다.

2 와파린 투여 중인 환자의 간호 중재로 옳은 것은?

① 섬유소 섭취를 제한한다.
② 월경량이 증가할 수 있음을 교육한다.
③ PT/INR 수치를 모니터한다.
④ 비타민 K를 투여한다.
⑤ 아스피린과 함께 복용하도록 한다.

> **TIP** ③ 혈액 응고가 적절한지 평가하기 위해 PT/INR 수치를 모니터한다.
> ① 변비 예방을 위해 섬유소 섭취를 격려한다.
> ② 월경량이 증가하는 것은 출혈의 징후일 수 있다.
> ④ INR 수치가 높은 경우 비타민 K를 투여하기도 한다.
> ⑤ 출혈 경향을 증가시키는 항응고제는 사용을 제한한다.

3 급성 신우신염에 대한 설명으로 옳은 것은?

① 혈뇨, 단백뇨, 부종, 고혈압이 주요 증상이다.
② 신우신염이 심해지면 6주까지 항생제 사용이 가능하다.
③ 혈액배양검사에 따라 원인균에 적합한 항생제를 선택한다.
④ 주로 면역 기능 이상으로 급성 염증 반응이 발생한다.
⑤ 상태에 따라 단백질과 염분을 제한한 식이를 제공한다.

> **TIP** ② 신우신염이 악화되어 신장에 농양이 생긴다면 6주까지 항생제를 사용할 수 있다.
> ① 주요 증상으로 악취가 나는 탁한 소변, 갈비뼈 척추각 통증, 발열 등이 있다.
> ③ 소변배양검사에 따라 항생제를 선택하여 치료한다.
> ④ 보통 요도와 방광을 통해 역방향으로 소변이 역류되어 감염된다.
> ⑤ 수분 섭취를 권장하며 적절한 영양 공급을 한다.

4 신장의 구조적, 기능적 단위로 옳은 것은?

① 네프론
② 토리
③ 보우만주머니
④ 세뇨관
⑤ 헨레고리

> **TIP** ① 네프론: 신장단위로 혈액의 노폐물을 걸러내고 소변을 만드는 역할을 한다.
> ② 토리: 털 뭉치처럼 꼬여 있는 모세혈관 덩어리로 혈액을 여과하는 기능을 가지고 있다.
> ③ 보우만주머니: 토리를 감싸고 있는 주머니로 내엽, 외엽으로 구성되어 있다.
> ④ 세뇨관: 네프론에 속하는 구조로 물질교환을 통해 소변을 만든다.
> ⑤ 헨렌고리: 소변의 농도를 조절하는 기능을 한다.

Answer. 1.④ 2.③ 3.② 4.①

5 화상 환자의 분류 방법으로 옳은 것은?

① 4도 화상은 전층 화상으로 지방층까지 손상된 상태이다.
② 표피와 진피 일부만 손상 된 것은 1도 화상이다.
③ 화상 범위, 깊이, 장소로 분류한다.
④ 모든 화상의 범위는 TBSA의 화상면적 비율로 계산한다.
⑤ 변연절제술 후에 화상범위를 평가하는 것이 가장 정확하다.

> **TIP** ① 4도 화상은 심부전층 화상으로 근육과 뼈 등의 심부조직까지 손상된 상태를 말한다.
> ② 1도 화상은 표재성으로 표피만 손상된 것을 말한다.
> ③ 화상의 범위, 깊이, 원인으로 분류한다.
> ④ 1도 화상은 총체표면적(TBSA)의 화상면적 비율로 계산하지 않는다.

6 〈보기〉의 검사결과로 알 수 있는 질환의 증상 및 특징으로 옳지 않은 것은?

보기

- pH : 7.26
- $paCO_2$: 32mmHg
- paO_2 : 76mmHg
- HCO_3^- : 18mEq/L

① 설사
② 두통
③ 호흡수와 깊이 감소
④ 과일 냄새 나는 호흡
⑤ 관절통

> **TIP** ③ 〈보기〉는 대사성 산증 환자의 검사 결과이다. 대사성 산증은 동맥혈가스분석검사(ABGA) 결과에서 pH가 감소하고, HCO_3^-수치가 정상보다 감소하는 소견을 보인다. 대사성 산증의 주된 증상으로는 과일 냄새가 나는 빠르고 깊은 호흡인 쿠스말 호흡(kussmaul respiration)이 있다.
> ①②④⑤ 대사성 산증은 호흡기, 소화기, 근골격계 등에서 비특이적인 증상이 나타난다. 두드러진 증상으로 두통, 메스꺼움, 설사, 관절통, 혼수 등이 있다.
> ※ 동맥혈가스분석(ABGA) 정상범위
> ㉠ pH : 7.35 ~ 7.45
> ㉡ $PaCO_2$: 80 ~ 100mmHg
> ㉢ PaO_2 : 35 ~ 45mmHg
> ㉣ HCO_3^- : 22 ~ 26mEq/L

7 유치도뇨관 환자의 간호중재로 옳은 것은?

① 도뇨관 유지 시 하루 2L 이하로 수분 섭취를 제한한다.
② 도뇨관 제거 후 8 ~ 9시간 동안 배뇨상태 확인한다.
③ 2 ~ 3일에 한 번 회음부 간호를 실시한다.
④ 환자가 제거 시 불편감을 느끼면 입을 다물고 있도록 한다.
⑤ 배뇨 시 통증은 정상반응이다.

> **TIP** ② 도뇨관 제거 후 자가배뇨를 확인하는 것이 중요하다.
> ① 도뇨관 내의 찌꺼기 생기는 것을 방지한다.
> ③ 1일 2회 이상 회음부 간호를 실시한다.
> ④ 유치도뇨관을 제거할 때 환자가 '아~' 소리를 내면 불편감이 감소한다.
> ⑤ 배뇨 시 통증이 있다면 요도 염증을 의심할 수 있다.

8 울혈성 심부전 환자의 간호중재로 옳은 것은?

① 단백질을 제한한다.
② 저염식이를 제공한다.
③ 수분 섭취를 격려한다.
④ 안정을 위해 체위변경은 제한한다.
⑤ 혈중칼슘농도를 확인한다.

> **TIP** ② 저염식이를 제공하여 부종을 감소시킨다.
> ① 알부민 수치 저하가 생길 수 있으므로 단백질 섭취를 격려한다.
> ③ 수분과 염분의 섭취를 제한한다.
> ④ 혈전 예방을 위해 2시간에 한 번씩 변경한다.
> ⑤ 심부전 환자에게 이뇨제를 사용할 경우 칼륨농도가 저하될 수 있으므로 주기적으로 혈중칼륨농도를 확인한다.

Answer. 5.⑤ 6.③ 7.② 8.②

9 허혈성 심장질환 환자의 간호중재로 옳은 것은?

① 협심증 환자의 운동을 금지한다.
② 니트로글리세린 복용 시 혀 밑에 작열감이 있으면 뱉어내도록 교육한다.
③ 심근경색 발생 후 12시간 금식한다.
④ 급성 심근경색환자의 변비에는 발살바 호흡법을 사용한다.
⑤ 협심증 환자의 육류 섭취를 격려한다.

> **TIP** ③ 흡인 위험이 있으므로 12시간 금식을 요한다.
> ① 적절한 운동으로 순환을 증진시킨다.
> ② 니트로글리세린 복용 시 혀 밑의 작열감은 정상이다.
> ④ 급성 심근경색 환자에게는 발살바 호흡법은 금지다.
> ⑤ 육류에 포함된 지방은 제한하는 것이 좋다.

10 좌심부전의 증상으로 옳은 것은?

① 폐부종　　　　　　　　　② 간비대
③ 중심정맥압 상승　　　　　④ 요흔성 부종
⑤ 말초부종

> **TIP** ① 좌심부전의 증상으로는 폐부종, 발작성 야간 호흡 곤란, 체인-스톡 호흡 등이 있다.

11 백혈병 환자 간호 중재로 옳지 않은 것은?

① 좌약 삽입을 금지한다.
② 단단한 칫솔로 수시로 양치질한다.
③ 정서 안정을 위해 면회를 격려한다.
④ 식물을 곁에 두지 않는다.
⑤ 근육주사를 피한다.

> **TIP** ② 부드러운 칫솔을 사용해 출혈을 예방한다.
> ① 좌약 삽입 및 직장 체온계 사용을 피한다.
> ③ 감염 위험이 있으므로 면회 및 방문을 제한한다.
> ④ 식물을 곁에 두면 감염 위험이 있을 수 있다.
> ⑤ 근육주사는 감염 경로가 될 수 있으므로 되도록 피한다.

12 쿠싱증후군 증상으로 옳지 않은 것은?

① 저산소증
② 고혈압
③ 대사성 산증
④ 여드름
⑤ 골다공증

TIP ① 저산소증은 고칼륨혈증에서 나타날 수 있는 증상이다. 쿠싱증후군은 저칼슘혈증을 유발한다.
※ 쿠싱증후군
㉠ 원인 : 부신겉질의 항진으로 당질코르티코이드가 과잉으로 분비하는 것이다.
㉡ 증상 : 근허약, 반상출혈, 골다공증, 만월형 얼굴, 고혈당, 고혈압, 저칼슘혈증, 황달, 다모증, 여드름 등이 있다.
㉢ 진단검사 : 덱사메타손 억제검사, 24시간 소변 유리 코르티솔 농도검사 등이 있다.
㉣ 치료 : 부신피질 자극 호르몬, 부신호르몬 합성 방해 약물치료, 종양제거, 부신 절제술, 뇌하수체 절제술이 있다.
㉤ 간호 : 저칼로리, 저탄수화물, 고단백, 저염, 고칼륨식이를 권장한다.

13 소화기계 분비 호르몬과 역할이 바르게 짝지어진 것은?

① 세크레틴 – 담즙 배설 촉진
② 코르티솔 – 위장 기능 저하
③ 카테콜아민 – 혈당 감소
④ 글루카곤 – 혈당 증가
⑤ 파라토르몬 – 담즙 저장 촉진

TIP ④ 글루카곤은 췌장 랑게르한스섬의 α 세포에서 분비되는 호르몬으로 혈당을 증가 시킨다.
① 세크레틴은 담즙의 생성과 저장을 촉진시킨다.
② 코르티솔은 부신피질호르몬이다.
③ 카테콜아민은 부신 수질 호르몬으로 혈압과 관련이 있다.
⑤ 파라토르몬은 부갑상샘 호르몬으로 칼슘과 인의 양에 관여한다.

14 디곡신을 투여하기 전에 확인해야 하는 것은?

① 호흡수
② 심첨 맥박
③ 혈중칼슘 농도
④ 당뇨약 복용
⑤ 출혈 위험 사정

TIP ② 심첨맥박을 측정하여 비정상수치일 경우 의사에게 보고한다.
① 호흡수는 주의하지 않아도 된다.
③ 저칼륨혈증은 심부정맥 유발 가능성이 있으므로 혈중칼륨 농도를 확인해야 한다.
④ 이뇨제 병용 시 저칼륨혈증과 저나트륨혈증이 발생할 수 있으므로 함께 복용하지 않는다.
⑤ 디곡신 투여는 출혈 위험과는 무관하므로 출혈위험을 사정하지 않아도 된다.

Answer. 9.③ 10.① 11.② 12.① 13.④ 14.②

15 〈보기〉에서 설명하는 질병의 간호중재로 옳은 것은?

> 보기
> 뇌하수체 후엽의 기능 장애로 신경의 문제, 약물 등에 의하여 발생하는 질병이다. 주요 증상으로는 다뇨, 다갈, 식욕부진 등이 있고, 그 이외로 쇼크, 두통, 실신 등의 증상도 발생할 수 있다.

① 바소프레신 투여
② 수분 섭취 제한
③ 감염 예방
④ 고염식 공급
⑤ 따뜻한 차 복용 권장

> **TIP** ① 호르몬 대치요법으로 바소프레신을 투여하여 신세뇨관에서 수분 재흡수를 증가시킨다.
> ② 소변량이 감소하는 항이뇨 호르몬 부적절분비증후군에 적절한 간호중재이다.
> ③ 요붕증은 뇌하수체 호르몬 장애이므로 감염예방과는 무관하다.
> ④ 소변 손실이 많이 일어나는 질병으로 저염식이 도움이 된다.
> ⑤ 커피나 차처럼 이뇨 작용이 있는 음식은 제한한다.

16 안지오텐신 전환효소 억제제 복용 환자 간호로 옳은 것은?

① 출혈 징후를 파악한다.
② 소변량 감소로 나타나는 부종을 확인한다.
③ 침상에서 일어날 때 천천히 일어나도록 교육한다.
④ 저칼륨혈증이 생길 수 있으므로 모니터링 한다.
⑤ 심장이 두근거리는 증상이 발생할 수 있음을 교육한다.

> **TIP** ③ 안지오텐신 전환효소 억제제(ACE inhibitor)는 혈관을 이완시키는 작용을 하는 약물로 저혈압이 발생할 수 있다.
> ① 혈전용해제가 아니므로 출혈 징후와는 무관하다.
> ② 소변량이 증가하며 부종과는 무관하다.
> ④ 신장기능이 저하되어 고칼륨혈증이 발생할 수 있다.
> ⑤ 혈관을 이완시키는 약물이므로 심계항진과는 관계가 없다.

17 근육 해부학적 설명으로 옳지 않은 것은?

① 건은 뼈와 뼈를 연결하며 유연성과 탄력성에 관여한다.
② 활액낭은 피부와 뼈, 근육과 뼈 사이에 위치하며 완충작용을 한다.
③ 대퇴사두군은 대퇴직근, 내측광근, 외측광근, 중간광근으로 구성되어 있다.
④ 외안근 운동은 동안신경, 외전신경, 활차신경이 관련되어 있다.
⑤ 광배근은 모자모형근육으로 윗부분은 어깨를 올리고 중간부분은 어깨를 젖히고, 아랫부분은 어깨를 내린다.

> **TIP** ① 인대에 대한 설명이다. 건은 뼈와 근육을 연결하여 힘을 전달하며 힘줄이라고도 불린다.

18 digitalis 사용 시 주의해야 할 점은?

① 투약 전 심장박동수가 서맥일 경우 투약하지 않는다.
② 투약 후 심첨맥박을 측정하여 협심증을 예방한다.
③ 이뇨제와 함께 투약할 경우 저칼슘혈증을 주의한다.
④ 부작용으로 피부발적, 저혈압 등이 생길 수 있다.
⑤ 오렌지나 건포도 등의 섭취를 금한다.

> **TIP** ① Digitalis의 주요 부작용은 서맥이므로, 서맥일 경우 투약하지 않는다.
> ② 투약 전 1분간 심첨맥박을 측정하여 서맥을 예방한다.
> ③ 이뇨제와 함께 투약할 경우 저칼륨혈증, 저나트륨혈증이 발생할 수 있다.
> ④ 피부발적, 저혈압이 생길 수 있는 약물은 니트로글리세린이다.
> ⑤ 저칼륨혈증이 발생할 수 있으므로 칼륨이 많은 오렌지나 건포도 등의 섭취는 금지할 필요가 없다.

Answer. 15.① 16.③ 17.① 18.①

19 갑상샘 기능 항진증 증상 및 치료법으로 옳지 않은 것은?

① PTU 투여
② 더위에 민감
③ 대사성 산증
④ 전신소양증
⑤ 관상동맥질환

> **TIP** ⑤ 갑상샘 기능 저하증은 심장이 비대해지고 맥박이 감소하며, 관상동맥질환이 증가한다.
> ※ 갑상샘 기능 항진증
>   ㉠ 원인 : 갑상선 과잉기능 등으로 갑상선 호르몬 과다 분비된다.
>   ㉡ 특징 : T3, T4 두 가지 호르몬 증가한다.
>   ㉢ 증상 : 갑상선 비대, 전신소양증, 체중 감소, 신경의 예민성, 더위에 민감, 대사성 산증 등의 증상이 나타난다.
>   ㉣ 치료 : 항갑상샘 약물인 프로필티오우라실(PTU), 메티마졸 사용, 방사선 요오드 치료, 갑상샘 절제술 등이 있다.

20 정상 소변의 특징으로 옳은 것은?

① pH농도가 8.5이다.
② 호박색이고 투명하다.
③ 1일 10회 배뇨한다.
④ 적혈구 4개 이상이다.
⑤ 요비중 범위가 1.050이다.

> **TIP** ② 연한 노란색에서 호박색이 정상범위이며 혼탁하지 않고 투명해야 한다.
> ① pH 농도는 4.6 ~ 8.0까지 정상범위로 볼 수 있다.
> ③ 성인의 경우 보통 1일 5 ~ 6회 배뇨하며, 10회는 빈뇨이다.
> ④ 적혈구 2개 이내는 정상뇨로 보며, 요로계 손상이 있을 경우 혈뇨가 발생한다.
> ⑤ 요비중은 1.010 ~ 1.025를 정상범위로 보며, 신체 내 수분상태를 확인할 수 있다.

21 목발 짚을 때 대상자의 보행법에 대한 설명으로 옳지 않은 것은?

① 4점 보행법은 천천히 걸어야 할 경우 시행하는 보행법이다.
② 그네 보행법은 둔부에 마비가 있는 대상자의 보행법이다.
③ 2점 보행은 한쪽 발만 사용 가능할 경우 시행하는 보행법이다.
④ 3점 보행은 한쪽 또는 양쪽 발이 사용 가능한 대상자의 보행법이다.
⑤ 2점 보행은 빨리 갈 수 있지만 넘어지기 쉬운 보행법이다.

> **TIP** ⑤ 빨리 갈 수 있지만 넘어지기 쉬운 보행법은 그네 보행법이다.

22 중증근무력증 증상으로 옳은 것은?

① 아침에 근력 약하다
② 감각 저하를 동반한다.
③ 신경학적 장애가 발생한다.
④ 남성보다 여성에게 더 많이 나타난다.
⑤ 안정 시 떨림이 있다.

> **TIP** ④ 남성보다 여성에게 빈번하게 호발한다.
> ① 아침에 근력이 가장 강하다.
> ② 감각 손실은 없고 부전마비와 침범부위 통증이 있다.
> ③ 신경학적 장애를 동반하지는 않는다.
> ⑤ 안정 시 떨림은 파킨슨병의 증상이다.

23 호흡기계에 대한 설명으로 옳지 않은 것은?

① 계면활성제는 폐포에서 생성된다.
② 투베르쿨린 검사는 결핵을 진단한다.
③ 숨뇌와 다리뇌로 폐의 기능이 조절된다.
④ 저유량 산소 공급 시에는 분무 마스크를 사용한다.
⑤ 호흡기계 사정 시 연하곤란을 사정한다.

> **TIP** ④ 저유량 산소 공급 시에는 단순 안면 마스크, 비강캐뉼라 등을 사용하며, 분무 마스크는 고유량 산소요법 시 사용한다.
> ① 계면활성제는 폐포 상피Ⅱ형 세포에서 생성되며 폐가 허탈이 되지 않도록 기능한다.
> ② 결핵의 진단은 투베르쿨린 반응 검사로 실시한다.
> ③ 호흡은 중추신경계의 숨뇌(연수)와 다리뇌(뇌교)로 조절한다.
> ⑤ 호흡기계 사정을 할 때에는 호흡곤란, 객담, 기침, 흉통, 연하곤란 등 현재 병력을 사정한다.

Answer. 19.⑤ 20.② 21.⑤ 22.④ 23.④

24 CPR 방법으로 옳은 것은?

① 성인은 분당 100 ~ 120회의 속도로 압박한다.
② 성인은 약 3cm 깊이로 압박한다.
③ 압박 후 가슴이 1/2 정도 올라오게 해야 한다.
④ 소아는 분당 80 ~ 100회의 속도로 압박한다.
⑤ 1세 미만은 가슴을 때려 의식을 확인한다.

> **TIP** ② 성인은 약 5cm 깊이로 압박한다.
> ③ 압박 후 가슴이 완전히 올라와야 한다.
> ④ 소아는 분당 100 ~ 120회로 30회 누른다.
> ⑤ 1세 미만은 발바닥을 때려 의식을 확인한다.

25 COPD에 대한 설명으로 옳지 않은 것은?

① 잔기량 감소 위해 입술 오므리기 호흡을 한다.
② 저녁에 가래가 많이 나온다.
③ 위-식도 역류 질환이 생길 수 있다.
④ 폐기능 검사로 진단한다.
⑤ 세포막의 염소 이동의 차단으로 발생한다.

> **TIP** ⑤ COPD는 외분비샘이 분비되지 않고 폐쇄된 상염색체 열성 유전 질환인 낭성섬유증의 원인이다.
> ① COPD는 폐기능 검사상 잔기량이 증가한다. 잔기량 감소를 위해 입술 오므리기 호흡을 한다.
> ② COPD는 만성 기관지염을 동반하기도 하며 만성 기관지염의 경우 기침, 가래가 특징이며 특히 아침에 가래가 많이 나온다.
> ③ COPD의 합병증으로는 저산소혈증, 산증, 심부전, 위-식도 역류질환 등이 있다.
> ④ 폐기능 검사, 혈액검사, 방사선 검사 등을 통해 진단한다.

26 호흡기 내에 끈적하고 진하고 양 많은 분비물이 있어서 진동법 시행하려 한다. 옳지 않은 것은?

① 흡기 중 시행한다.
② 한 분절당 1회 적용한다.
③ 분당 200회 속도로 빠르게 적용한다.
④ 영아와 소아에게는 시행하지 않는다.
⑤ 진동 전에 가습하여 분비물 액화시킨다.

> **TIP** ① 호기 중 시행한다.

27 흉강천자 이후 간호로 옳은 것은?

① 천자 시 2,000ml 이상 하지 않는다.
② 자세를 취하지 못할 때 상체 올리고 환부가 아래로 가도록 한다.
③ 짧은 호흡은 합병증 징후이다.
④ 흉막강 안의 혼탁한 액체는 정상반응이다.
⑤ 장액성 액체는 외상성 질환에서 볼 수 있다.

> **TIP** ③ 짧은 호흡은 출혈의 징후일 수 있으므로 잘 관찰한다.
> ① 천자 시 1,500ml 이상 하지 않는다.
> ② 건강한 쪽을 아래로 향하게 하고 환부를 위로 가도록 하여 늑막액의 유출을 방지한다.
> ④ 혼탁한 액체는 감염을 나타낸다.
> ⑤ 주로 비외상성 질환에서 장액성 액체를 볼 수 있다.

28 천식환자 간호중재 시 금지해야 하는 것은?

① 자전거 타기 운동을 한다.
② 뜨거운 물로 침구류를 세탁한다.
③ 아스피린을 투여한다.
④ 과도한 대화를 하지 않는다.
⑤ 반좌위를 취한다.

> **TIP** ③ 아스피린은 천식을 유발할 수 있으므로 금지한다.
> ① 자전거 타기 운동은 천식 환자에게 추천되는 운동 중에 하나이다.
> ② 뜨거운 물로 세탁하고 햇빛에 건조하여 알레르기 원인 물질을 제거한다.
> ④ 호흡곤란의 부작용이 있을 수 있으므로 불필요한 과도한 대화를 피한다.
> ⑤ 반좌위로 가스교환을 개선하여 호흡에 도움을 준다.

Answer. 24.① 25.⑤ 26.① 27.③ 28.③

29 당뇨병 관련 옳지 않은 것은?

① 공복 혈당 수치 진단기준은 120mg/dl 이상이다.
② 당부하검사는 75g의 포도당을 마신 후 2시간 동안 검사하며 진단 기준은 200mg/dl 이상이다.
③ 임신성 당뇨병이 발병하면 2형 당뇨병의 발현 가능성이 있다.
④ 당화혈색소는 2 ~ 3개월간의 평균 혈당치를 반영한다.
⑤ 혈당치가 50 ~ 60mg/dl 이하가 되면 저혈당이다.

> **TIP** ① 공복 혈당 수치(FBS) 진단기준은 126mg/dl 이상이다.
> ※ 당뇨병의 분류
> ㉠ 1형 당뇨병 : 인슐린 의존형 당뇨병으로 소아형 당뇨이다.
> ㉡ 2형 당뇨병 : 인슐린 비의존형 당뇨병으로 성인형 당뇨이다.
> ㉢ 2차성 당뇨병 : 췌장질환, 호르몬 이상, 약물 등에 의해 2차적으로 발생한다.
> ㉣ 임신성 당뇨병 : 임신에 의한 당뇨로 2형 당뇨병 발현의 가능성이 있다.

30 빈혈의 특징으로 옳은 것은?

① 재생불량성 빈혈은 범혈구감소증이 나타난다.
② 용혈성빈혈은 재생불량성 빈혈에 속한다.
③ 지중해성 빈혈은 혈액 속에 둥근 적혈구가 많이 생기는 질환이다.
④ 지중해성 빈혈의 주요 증상으로 만성 족부 궤양이 있다.
⑤ 겸상 적혈구성 빈혈의 치료법으로는 자라와 쓸개를 절제하는 방법이 있다.

> **TIP** ① 재생불량성 빈혈은 적혈구, 백혈구, 혈소판이 모두 감소하는 범혈구감소증이 나타날 수 있다.
> ② 용혈성빈혈은 적혈구의 과도한 파괴가 문제이며, 재생불량성 빈혈은 조혈모세포와 전구세포가 감소되어 범혈구감소증이 나타난다.
> ③ 지중해성 빈혈은 적혈구 내 헤모글로빈 기능에 장애를 일으키는 질환이다.
> ④ 만성 족부 궤양을 일으키는 빈혈은 겸상 적혈구성 빈혈이다.
> ⑤ 자라와 쓸개를 절제하는 것은 유전성 구상적혈구증의 치료법이다.

31 통증 완화 방법에 대한 설명으로 옳지 않은 것은?

① 항경련제를 사용한다.
② PCA는 환자 스스로 투약할 수 있다.
③ 약물로는 NSAIDs를 사용한다.
④ 마사지하면 근육이 수축되므로 하지 않는다.
⑤ 지압과 심상요법을 사용한다.

> **TIP** ④ 마사지로 근육을 이완시켜 통증 완화를 돕는다.
> ① 항경련제, 항우울제 등을 보조적으로 사용하기도 한다.
> ② 자가조절 진통방법(PCA)는 환자 스스로 투약할 수 있다.
> ③ 통증 정도에 따라 비스테로이드성 소염진통제(NSAIDs), 마약성진통제 등을 사용한다.
> ⑤ 지압, 심상요법, 마사지 등 비약물적 방법으로 통증을 완화할 수 있다.

32 뇌농양 환자의 간호중재로 옳은 것은?

① 영양 제한
② 요추천자 금지
③ 3 ~ 4L/일 수분섭취
④ 진통제 제한
⑤ 24시간 격리

> **TIP** ② 요추천자는 뇌탈출 위험이 증가하므로 금지한다.
> ① 적절한 영양 섭취로 회복을 증진한다.
> ③ 뇌농양 환자에게는 적절한 수분 섭취가 권장된다.
> ④ 뇌농양 주요 증상으로는 두통이 있으며, 통증관리를 위해 진통제를 사용한다.
> ⑤ 뇌농양의 경우 일반적으로 격리가 필요 없다.

Answer. 29.① 30.① 31.④ 32.②

33 〈보기〉는 60세 남자 환자의 뇌척수액 검사소견이다. 이에 따른 간호중재로 옳은 것은?

───────────────────── 보기 ─────────────────────
- 비중 : 1.007
- 포도당 : 30mg/dl
- 적혈구 : 0
- 산도 : 7.35
- 백혈구 : 20
──

① 해열제 금기
② 두통 조절
③ 수분 섭취 제한
④ 머리를 낮게 유지
⑤ 활동 격려

> **TIP** ② 백혈구 수치가 증가하고, 당 수치가 감소하였으므로 통증 감소를 위해 진통제를 사용하여 두통을 조절한다.
> ① 발열 증상이 발생하면 체온 조절을 위해 해열제를 투여한다.
> ③ 수분 균형을 유지하기 위해 적절한 수분 섭취를 격려한다.
> ④ 머리를 낮게 유지해야 한다.
> ⑤ 안정을 취하는 것이 중요하며, 활동을 최소화해야 한다.

34 류마티스와 골관절염 증상에 대한 설명으로 옳은 것은?

① 류마티스와 골관절염은 주로 대칭적으로 발생한다.
② 관절염은 아침에 강직증상이 1시간 이상 지속된다.
③ 관절염은 헤베르덴 결절 증상이 나타난다.
④ 류마티스는 주로 하지 관절에 침범한다.
⑤ 류마티스는 뼈의 마찰음이 나타난다.

> **TIP** ③ 헤베르덴 결절은 손가락 끝 마디에 발생하며 퇴행성 관절염의 증상이다.
> ① 관절염은 주로 비대칭적으로 발생한다.
> ② 관절염은 아침, 휴식 후, 오래 앉았다 일어설 때 통증이 주로 나타나며, 15분 이내에 호전된다.
> ④ 류마티스는 주로 상지 관절에 침범한다.
> ⑤ 뼈의 마찰음이 나는 것은 관절염의 증상이다.
> ※ 류마티스 관절염
> ㉠ 자가면역질환으로 여러 가지 관절 외의 증상을 동반한다.
> ㉡ 원인불명이며 20 ~ 30대, 여성에게 호발한다.
> ㉢ 대칭적 증상이 나타나며 주로 상지 관절에 침범한다.
> ㉣ 발적, 열감, 강직, 부종, 촉진 시 압통이 나타난다.
> ㉤ 아침에 강직증상이 1시간 이상 지속되며, 손목, 손 변형, 거위목 변형, 류마티스 결절, 건초의 염증, 쇼그렌 증후군이 발생한다.
> ㉥ NSAIDs, 아스피린, 진통제를 투여하고 항류마티스제, 항말라리아제, 스테로이드, 면역억제제 등이 적용된다.

35 요붕증에 대한 설명으로 옳은 것은?

① 수분 섭취를 1일 500 ~ 600ml로 제한하고 이뇨제를 투여한다.
② T3, T4가 증가한다.
③ 월경불순, 체중 증가가 나타난다.
④ 혈청 IGF-1, 경구 당부하 검사를 시행한다.
⑤ 뇌하수체 이상으로 ADH가 분비되지 않을 경우 발생한다.

> **TIP** ⑤ 요붕증은 ADH 결핍에 의한 신장의 수분 재흡수 장애이다.
> ① 항이뇨 호르몬 부적절분비증후군에 대한 설명으로 ADH호르몬이 과잉분비된 결과이다.
> ② 갑상샘 기능 항진증에 대한 설명이다.
> ③ 갑상샘 기능 저하증에 대한 설명이다.
> ④ 혈청 IGF-1, 경부 당부하 검사로 진단하는 질병은 말단비대증이다.

36 뇌에서 평형, 항상성 기능 담당하는 부위를 바르게 연결한 것은?

① 교뇌 - 항상성
② 숨뇌 - 평형
③ 대뇌 - 평형
④ 소뇌 - 항상성
⑤ 간뇌 - 항상성

> **TIP** ⑤ 간뇌는 시상과 시상하부로 구분되며, 시상하부에서 평형과 항상성의 기능을 담당한다.
> ① 교뇌(다리뇌) 대뇌와 소뇌 사이의 정보 중계 기능을 담당한다.
> ② 숨뇌(연수) 심장박동과 호흡 등 생명 유지 기능을 담당한다.
> ③ 대뇌는 정보 분석과 기억 저장의 기능을 한다.
> ④ 소뇌는 신체의 균형과 운동기능을 조절한다.

Answer. 33.② 34.③ 35.⑤ 36.⑤

37 약물을 투여하기 전 사정해야 하는 것은?

① 라식스 투여 전 출혈경향 사정
② 아스피린 투여 전 전해질수치 사정
③ 아스피린 투여 전 심첨맥박 사정
④ 디곡신 투여 전 출혈경향 사정
⑤ 디곡신 투여 전 심첨맥박 사정

> **TIP** ⑤ 디곡신 투여 전 심첨맥박을 사정하여 서맥 부작용을 예방한다.
> ① 라식스 투여 시 소변량이 증가하며 전해질 불균형이 발생할 수 있다.
> ② 아스피린은 혈액응고를 억제시키는 효과가 있으므로, 관련 수치를 사정한다.
> ③ 심첨맥박을 사정하는 것은 디곡신 투여 전이다.
> ④ 디곡신과 출혈은 무관하다.

38 외과적 무균술 사용하지 않아도 되는 것은?

① 좌약투여
② 단순 도뇨술
③ 요추천자
④ 주사 약물 준비
⑤ 수술복 착용

> **TIP** ① 좌약 투여 시에는 내과적 무균술을 사용한다.
> ※ 외과적 무균술
> ㉠ 멸균법으로 미생물이 없는 물건과 영역을 제공, 보존에 이용하는 방법이다.
> ㉡ 정맥주사관 삽입, 유치도뇨관, 멸균 드레싱 교체, 주사 약물 준비 등이 있다.
> ㉢ 수술실, 분만실, 특정 지역에서 더 자주 이용된다.
> ㉣ 병원균과 아포 포함 미생물 사멸이 필요한 물품은 멸균이 필요하다.

39 h2차단제로 옳은 것은?

① 시메티딘
② 마그오
③ 조프란
④ 스코폴라민
⑤ 오메프라졸

> **TIP** ① h2차단제(h2 수용체 길항제)는 위산분비를 억제하는 약물로 라니티딘, 시메티딘, 파모티딘 등이 있다.
> ② 고삼투성 완화제로 제산제이다.
> ③ 세로토닌 길항제로 항구토제 약물이다.
> ④ 항콜린효과로 멀미약과 항구토제로 쓰인다.
> ⑤ 수소이온 펌프 억제로 위산억 효과가 있다.

40 결핵약 ethambutol 부작용은?

① 시신경염
② 피부발진
③ 관절통증
④ 간독성
⑤ 위장장애

> **TIP** ① 에탐부톨(ethambutol)은 항결핵제 복용 시 내성이 생기는 것을 방지하는 약물로 시신경에 부작용이 생길 수 있다.
> ② 이팜핀에는 피부발진 이외에도 위장장애와 오렌지색 소변 등의 부작용이 발생할 수 있다.
> ③ 피라진아미드의 부작용이다.
> ④ 결핵약 중 이소니아지드, 피라진아미드는 간독성을 일으킬 수 있다.
> ⑤ 결핵약 중 이팜핀은 위장장애를 일으킬 수 있다.

41 간생검 전후 간호에 대한 설명으로 옳은 것은?

① 5 ~ 6늑간 부위에 간생검을 실시한다.
② 검사 전 전신마취 교육을 실시한다.
③ 검사 후 좌측위로 눕는다.
④ 간생검 전 비타민 D를 투여한다.
⑤ 검사 시 호기 후 숨 참고 시행한다.

> **TIP** ⑤ 호기 후 숨을 참으면 횡격막이 안정되어 정확한 위치에 간생검을 할 수 있다.
> ① 8 ~ 9늑간 부위에서 간생검을 진행한다.
> ② 국소마취가 필요하므로 국소마취 교육을 실시한다.
> ③ 검사 후 우측위로 눕는다.
> ④ 간생검 전에 비타민 K를 투여하는데, 이는 출혈 예방을 위한 방법이다.

Answer. 37.⑤ 38.① 39.① 40.① 41.⑤

42 부분위절제술 간호로 옳은 것은?

① 식후 우측위로 눕는다.
② 저지방 식이를 한다.
③ 식후 2시간까지 수분 섭취를 제한한다.
④ 식후에 발생하는 고혈당을 주의한다.
⑤ 식사는 죽과 같은 부드러운 음식만 제공한다.

> **TIP** ③ 식사 1시간 전부터 식후 2시간까지 급속 이동 증후군을 예방하기 위해 탄수화물, 수분 섭취를 제한해야 한다.
> ① 식후에는 좌측위나 앙와위로 눕는다.
> ②⑤ 고단백·고지방 식이를 하고 죽과 같은 부드러운 음식을 제한하여 급속 이동 증후군을 예방한다.
> ④ 인슐린의 과도한 분비로 식후 저혈당이 오지 않도록 주의한다.

43 악성종양 특징 아닌 것은?

① 성장이 느리고 전이가 빠르다.
② 세포에 피막이 없다.
③ 주변조직을 침범한다.
④ 혈관 생성을 증가시킨다.
⑤ 원발한 조직에 전이되기도 한다.

> **TIP** ① 성장과 전이가 모두 빠르다.

44 만니톨 투여 중단이 필요한 증상으로 옳은 것은?

① 복통
② 저혈압
③ 저칼슘혈증
④ 발열
⑤ 피부발적

> **TIP** ② 만니톨은 두개내압을 낮추기 위해 사용하는 삼투성 이뇨제로 저혈압을 유발할 수 있다.
> ① 복통과 만니톨 투여는 무관하다.
> ③ 만니톨은 이뇨제이므로 칼륨과 나트륨을 모니터해야 한다.
> ④ 발열은 관계없는 증상이며 진통제로 관리한다.
> ⑤ 피부발적은 만니톨 투여로 발생하는 증상이 아니다.

45 약물 allopurinol 특징으로 옳은 것은?

① 퓨린 흡수 촉진
② 요산 생성 억제
③ 요산 배설 촉진
④ 골파괴 억제
⑤ 골형성 촉진

> **TIP** ② 알로푸리놀(allopurinol)은 통풍 환자에게 사용되는 요산 생성 억제 약물이다.
> ① 퓨린 흡수와는 무관하며 통풍은 퓨린이 적은 식이를 해야 한다.
> ③ 요산 배설을 촉진하는 약물로는 프로베네시드(probenecid)가 있다.
> ④ 골파괴 억제 약물로는 포사맥스(Fosamax)가 있으며 골다공증에 사용된다.
> ⑤ 골형성 촉진 약물로는 테리파라타이드(Teriparatide)가 있으며 골다공증에 사용된다.

46 요추천자 금지 이유로 옳은 것은?

① 감각 변화
② 영양 지연
③ 감염 전파
④ 뇌 탈출
⑤ 시력 저하

> **TIP** ④ 뇌척수액의 과다 또는 급속 제거로 뇌 탈출의 위험이 있다.

47 부비동염 중재로 옳은 것은?

① 성대 휴식
② 아스피린 금지
③ 수분 섭취 제한
④ 인두 세척
⑤ 울혈제거제 금지

> **TIP** ② 아스피린은 천식이나 부비동염을 악화시킬 수 있으므로 금지한다.
> ① 후두염의 경우 성대 휴식이 필요하다.
> ③ 급성·만성 부비동염 모두 수분 섭취를 격려한다.
> ④ 부비동염은 비강에 발생한 염증이므로 비강 세척을 한다.
> ⑤ 울혈제거제 투여하여 점막의 부종을 감소시킨다.

Answer. 42.③ 43.① 44.② 45.② 46.④ 47.②

48 늑막염 환자의 간호 중재로 옳은 것은?

① 짧고 가벼운 호흡 방법을 교육

② 진통제 사용 금지

③ 염증이 없는 쪽의 가슴을 지지하며 기침

④ 고단백, 고열량 식이

⑤ 심부정맥 관찰

    TIP ④ 늑막염 환자에게는 고단백, 고열량 식이를 제공한다.
        ① 심호흡 교육을 실시한다.
        ② 진통제 투여로 통증을 관리한다.
        ③ 염증이 있는 쪽 가슴을 지지하며 기침한다.
        ⑤ 긴장성 기흉의 경우 심부정맥 관찰이 필요하다.

49 마약성 진통제 특징으로 옳은 것은?

① 마약성 진통제는 호흡이 빠를 때 사용하지 않는다.

② 마약성 진통제는 말초신경계에 작용한다.

③ 낙소졸은 스테로이드성 진통제이다.

④ 데메롤 부작용으로 기면이 나타난다.

⑤ 코데인은 진해제로 사용한다.

    TIP ⑤ 코데인은 진해, 진통, 지사의 효과가 있다.
        ① 마약성 진통제는 호흡이 느릴 때(서호흡) 사용하지 않는다.
        ② 마약성 진통제는 중추신경계에 작용한다.
        ③ 낙소졸은 비스테로이드성 소염진통제로 비마약성 진통제이다.
        ④ 데메롤의 부작용으로는 경련, 저혈압, 무호흡 등이 있다.

50 간염 환자 간호중재로 옳은 것은?

① 전염 예방 교육　　　　② 저탄수화물 고지방식이

③ 수분 제한　　　　　　④ 활동 격려

⑤ 해열제 금기

    TIP ① A형 간염은 분변 ~ 구강 경로로, B·C·D형은 혈액, 체액으로 전파되므로 전염 예방 교육을 실시한다.
        ② 고탄수화물 저지방식이가 필요하다.
        ③ 수분 섭취는 적절하게 필요하다.
        ④ 간 손상을 막기 위해 활동은 줄이고 휴식을 취해야 한다.
        ⑤ 두통, 발열 시 해열제와 진통제는 사용한다.

51 간염 병태생리로 옳은 것은?

① 감염 후 2주 이내에 A형 간염 항체가 생성된다.
② D형 간염은 A형간염이 발생했을 때에만 감염된다.
③ E형 간염은 주로 잠복기가 길고 만성으로 진행된다.
④ A형 간염 환자의 20% 정도에서 간경변증이 발생한다.
⑤ B형 간염은 DNA바이러스이다.

> **TIP** ⑤ A형 간염은 단일가닥의 RNA바이러스이며, B형 간염은 이중의 DNA바이러스다.
> ① 감염 후 4주 이내에 항체가 생된다.
> ② D형 간염은 B형 간염이 발생했을 때에만 감염된다.
> ③ E형 간염은 잠복기가 짧고, 만성으로 진행되는 경우는 거의 없다.
> ④ C형 간염 환자의 20%에서 간경변이 관찰된다.

52 폐색전증 환자 간호중재로 옳은 것은?

① 단단한 칫솔로 양치질한다.
② 우심부전 증상을 관찰한다.
③ 취침 시 탄력스타킹을 착용한다.
④ 반좌위는 금지한다.
⑤ 아스피린을 투약한다.

> **TIP** ② 폐색전증 합병증으로 우심부전이 발생할 수 있으므로 증상을 관찰한다.
> ① 폐색전증은 항응고제를 복용하므로 출혈 경향을 관찰해야 한다. 구강출혈을 예방하기 위해 부드러운 칫솔로 양치질한다.
> ③ 탄력스타킹을 착용할 수 있으나 취침 시에는 탄력스타킹을 착용하지 않는다.
> ④ 반좌위는 폐색전 환자에게 도움이 된다.
> ⑤ 항응고제 투여 중이므로 아스피린을 투약할 경우 출혈 경향을 증가시킬 수 있다.

Answer. 48.④ 49.⑤ 50.① 51.⑤ 52.②

53 대상포진 간호중재로 옳은 것은?

① 온습포 사용
② 린덴 사용
③ 아시클로버 사용
④ 진통제 금지
⑤ 항히스타민제 금지

> **TIP** ③ 대상포진 치료 약물로는 아시클로버, 조비락스가 있다.
> ① 통증이 심할 시에는 냉습포를 사용한다.
> ② 린덴은 옴의 치료 약물이다.
> ④ 통증이 심하므로 진통제를 사용한다.
> ⑤ 간지러움을 호소할 경우 항히스타민제를 사용한다.

54 폐렴 악화 증상으로 옳은 것은?

① 대사성 산증
② 기도 변위
③ 의식 혼미
④ 시력 저하
⑤ 연하곤란

> **TIP** ③ 폐렴으로 저산소혈증이 발생할 수 있으며 이가 악화되면 의식혼미가 발생할 수 있다.
> ① 대사성 산증은 쿠싱증후군의 증상이며 호흡성 산증이 발생할 수 있다.
> ② 기도변위는 무기폐의 증상이다.
> ④ 시력저하는 폐렴과 무관하다.
> ⑤ 연하곤란은 주로 편도염, 후두염 등에서 발생한다.

55 혈중 칼슘 농도가 4.5일 때 간호중재로 옳은 것은?

① 이뇨제를 투약한다.
② 인 보충제를 투여한다.
③ 비타민 D를 투여한다.
④ 산성주스를 섭취하게 한다.
⑤ 하루에 물 3L를 섭취하게 한다.

> **TIP** ③ 저칼슘혈증으로 비타민 D는 칼슘의 흡수를 돕기 때문에 칼슘과 함께 투여한다.
> ① 나트륨 배설 시 배설되는 칼슘의 양이 증가하므로 저칼슘혈증이 악화된다.
> ② 인은 칼슘농도를 저하시키기 때문에 혈청 인 수치는 감소시켜야 한다.
> ④ 고칼슘혈증의 경우에 산성주스 섭취를 통한 결석 예방이 필요하다.
> ⑤ 고칼슘혈증의 간호중재 방법이다.

56 만성신부전 증상으로 옳지 않은 것은?

① 심장동맥질환
② 발기부전
③ 혈관 및 연조직의 석회화
④ 혈청이산화탄소 노폐물의 축적
⑤ 폐부종

> **TIP** ④ 혈청질소 노폐물의 축적이 생긴다.
> ① 심맥관계 증상으로 고혈압, 심장동맥질환, 심낭염이 있다.
> ② 내분비, 생식기계 증상으로 월경 불순, 발기부전, 부갑상샘 기능 항진증이 있다.
> ③ 근골격계 증상으로 뼈 연화증, 혈관, 연조직 석회화가 있다.
> ⑤ 폐 증상으로 폐부종, 요독성 흉막염, 폐렴이 있다.

57 심전도 검사결과 P파가 없고, 불규칙하고 미세한 선으로 나타나는 환자의 간호중재로 옳은 것은?

① 제세동 실시
② 항응고제 투여
③ 미주신경자극
④ 인공심박동기 사용
⑤ 중탄산나트륨 주사

> **TIP** ② P파가 없고 불규칙하며, 미세한 선으로 나타나는 것은 심방세동의 특징이다. 심방세동은 혈전이 생성될 수 있으므로 예방적으로 항응고제를 투여한다.
> ① 제세동이 필요한 경우로는 심실빈맥과 심실세동의 경우가 있다.
> ③ 심방빈맥의 치료법으로 미주신경 자극을 할 수 있다.
> ④ 인공심박동기는 동정지의 경우 심박출량이 줄어들 때 사용한다.
> ⑤ 심실세동의 경우 산증 교정을 목적으로 중탄산나트륨을 정맥 주입한다.

Answer. 53.③ 54.③ 55.③ 56.④ 57.②

58 부정맥 치료 약물별 특징으로 옳지 않은 것은?

① ClassⅡ는 심박동수를 감소시킨다.
② ClassⅡ는 심근경색 재발 예방을 위해 사용한다.
③ 아데노신은 실온보관한다.
④ ClassⅢ는 칼륨 차단제로 프로파페논이 있다.
⑤ 바소프레신과 이소프로테레놀 약물을 사용할 수 있다.

> **TIP** ④ 프로페파논은 ClassⅠ 약물이다.
> ① ClassⅡ는 베타차단약물로 심박수, 혈압, 수축력을 감소시킨다.
> ② 베타차단약물로 심근경색, 협심증, 부정맥, 고혈압 등에 효과적이다.
> ③ 결정체가 생길 수 있으므로 이를 예방하기 위해 실온 보관한다.
> ⑤ 바소프레신, 탄산수소나트륨, 칼슘, 이소프로테레놀 등의 응급 약물도 사용한다.

59 온요법, 냉요법 생리적 효과 설명으로 옳지 않은 것은?

① 온요법은 통증을 감소시킨다.
② 냉요법은 호흡수를 감소시킨다.
③ 온요법은 혈액점도를 감소시킨다.
④ 냉요법은 모세혈관을 수축시킨다.
⑤ 온요법은 염증반응을 감소 시킨다.

> **TIP** ⑤ 냉요법이 조직대사를 감소시켜 염증 반응 또한 감소시킨다.

60 〈보기〉의 사례에 따라 신체검진을 했을 때 환자에게 보이는 증상으로 옳은 것은?

보기

38세 신 씨는 관절 통증을 호소하며 내원하였다. 신 씨는 흡연자로 1일 10개피 흡연하며, 활력징후는 모두 정상이다. 혈액검사 결과는 다음과 같다.

혈액검사 결과

- RBC : 450만/mm^3
- WBC : 12만/mm^3
- Hb : 12g/dL
- PLT : 30만/mm^3
- ESR : 35mm/h
- CRP : 20.0mg/L
- RF factor : 20IU/ml
- anti-CCP : 6.5U/ml

① 척추 만곡
② 휴식 후 통증
③ 뼈의 마찰음
④ 입과 눈의 건조함
⑤ 얼굴에 나비모양 발진

> **TIP** ④ 류마티스인자(RF factor)와 anti-CCP가 양성이므로 신 씨는 류마티스 관절염 환자이다. 류마티스관절염은 조조강직과 휴식 후 통증이 특징적이다. 류마티스관절염 환자에서는 안구건조, 구강건조 등 쇼그렌 증후군이 동반될 수 있다. 또한, 흡연 역시 류마티스관절염의 대표적인 위험인자 중 하나이다. RF(류마티스인자)의 양성 기준은 20IU/ml 이상, anti-CCP(항CCP항체)의 양성 기준은 5.0U/ml 이상이다. 문제의 검사 결과에서 RF factor 20 IU/ml, anti-CCP 6.5 U/ml로 모두 양성 기준을 만족한다.

Answer. 58.④ 59.⑤ 60.④

제01회 기출유형 모의고사

제02회 기출유형 모의고사

제03회 기출유형 모의고사

제04회 기출유형 모의고사

제05회 기출유형 모의고사

02 PART

기출유형 모의고사

제 01 회 기출유형 모의고사

1 체중이 50kg인 천식 환자에게 Aminophyllin을 IV로 0.5mg/kg/hr의 속도로 주입하라는 처방이 있다. 5% D/W 500mL 용액에 Aminophyllin 250mg을 혼합했을 때 시간당 적정 주입 속도와 분당 적정 주입 속도는? (단, drip factor는 20gtt/mL이다.)

① 20mL/hr, 7gtt/min
② 30mL/hr, 10gtt/min
③ 40mL/hr, 13gtt/min
④ 50mL/hr, 17gtt/min
⑤ 60mL/hr, 20gtt/min

2 실제 정상 혈압보다 낮게 측정되는 경우는?

① 커프가 너무 넓은 것을 사용한 경우
② 커프를 팔에 헐겁게 감은 경우
③ 운동을 하고 난 직후에 측정을 한 경우
④ 팔의 위치가 심장보다 낮게 있는 경우
⑤ 커프가 좁은 경우

3 폐활량에 속하는 것이 아닌 것은?

① 흡기량
② 호기 예비량
③ 흡기 예비량
④ 잔기량
⑤ 1회 호흡량

제한시간 60분

풀이종료시간 : [ ] - [ ]
풀이소요시간 : [ ]분 [ ]초

4 VRE 환자가 있는 병실에서 표준예방지침 이외에 적용해야 할 예방지침으로 옳은 것은?

① 병실 내 음압 유지를 위해 문을 닫는다.
② 의료진은 환자와 접촉 전 가운과 장갑을 착용한다.
③ 보호자는 병실에 들어가기 전 N95마스크를 착용한다.
④ 환자에게 사용한 의료용품을 일반의료폐기물로 취급한다.
⑤ 불필요한 병실 외출은 금하며 이동 시 수술용 마스크를 착용한다.

5 앙와위로 부동을 유지하는 환자에게 욕창이 자주 발생하는 부위가 아닌 곳은?

① 척추(극돌기)
② 견갑골
③ 팔꿈치(주두돌기)
④ 천골
⑤ 발꿈치

6 주삿바늘을 관리하는 방법으로 적절하지 않은 것은?

① 일회용 주사기의 주삿바늘을 손으로 직접 제거하지 않는다.
② 주사침 분리기를 사용하여 주삿바늘을 제거한다.
③ 주삿바늘을 버리는 폐기물 용기가 70% 이상 채워지지 않도록 관리한다.
④ 사용한 주삿바늘은 뚜껑을 닫지 않고 버린다.
⑤ 일반의료폐기물 용기에 주삿바늘을 버린다.

7 여성 환자의 잔뇨량을 측정하려 할 때 간호로 옳은 것은?

① 아침에 가장 먼저 배뇨된 소변을 수집하여 측정한다.
② 요도구를 소독하고 난 이후에 배뇨한 중간소변을 수집한다.
③ 배뇨를 한 직후에 측정을 한다.
④ 잔뇨량이 60ml인 경우 단순도뇨관을 삽입한다.
⑤ 도뇨관 끝부분에 윤활제를 바르고 18 ~ 20cm가량 삽입한다.

8 변비 환자 간호로 적절하지 않은 것은?

① 이뇨 효과를 높여주는 뜨거운 차나 과일주스를 제공한다.
② 관장을 하는 경우 40℃ 온도의 관장액을 사용한다.
③ 곡류나 야채 등의 고섬유 식이를 권장한다.
④ 일정 시간에 배변을 하는 습관을 형성하도록 돕는다.
⑤ 좌약을 직장벽에 밀착시켜서 투여한다.

9 질 분비물에서 악취가 나고 녹황색 거품과 질벽에 딸기상 반점이 보여 내원한 환자에게 알맞은 간호중재는?

① 에스트로겐 질정제를 투여한다.
② Metronidazol을 투여한다.
③ 침상안정을 취한다.
④ 파트너는 치료를 함께 하지 않아도 된다.
⑤ 항생제 투약을 제한한다.

10 동맥혈 가스분석 검사를 시행한 결과가 〈보기〉와 같을 때 간호중재로 적절한 것은?

---보기---
- pH : 7.28
- pCO_2 : 40mmHg
- PO_2 : 90mmHg
- HCO_3^- : 18mEq/L

① 수분과 염분 섭취를 제한한다.
② 산소를 공급한다.
③ 종이봉투를 사용하여 재호흡하게 한다.
④ 중탄산나트륨을 투약한다.
⑤ 마약성 진통제를 사용한다.

11 밀봉 흉곽배액체계에 대한 설명으로 옳지 않은 것은?

① 흉막강에 공기와 혈액 제거가 목적이다.
② 밀봉병 내 파동은 비정상이므로 흉관 제거 후 흉부 X-ray를 촬영한다.
③ 밀봉병은 공기 및 액체의 역류를 방지하는 역할을 한다.
④ 밀봉병에 기포가 보이지 않는 경우 공기가 누출되고 있는 것이다.
⑤ 분비물 배액을 위해 흉관튜브의 개방성을 유지한다.

12 부동 환자에게 발아래 발판(Foot Board)이나 베개를 대어주는 이유는 무엇인가?

① 고관절의 외회전 예방
② 하지의 혈액순환 도움
③ 슬와신경의 압박 감소
④ 발꿈치 부위 욕창 예방
⑤ 발의 족저굴곡 예방

13 오른쪽 발목이 골절된 환자가 목발을 사용하여 보행하려고 할 경우 간호사가 이 환자에게 교육할 내용으로 옳지 않은 것은?

① "목발을 사용할 때 손과 팔에 체중을 실으세요."
② "액와와 목발패드 사이의 간격은 손가락 3~4개 정도 유지하세요."
③ "목발을 사용하여 계단을 오를 때 왼쪽 다리를 위쪽 계단에 올린 다음 목발과 오른쪽 다리를 올리세요."
④ "목발을 사용하여 계단을 내려올 때 목발과 왼쪽 다리를 먼저 아래쪽 계단에 내리고 오른쪽 다리를 목발 옆으로 내리세요."
⑤ "목발을 사용하여 의자에 앉을 때 목발을 한손에 모아 쥐고 왼쪽 다리와 목발에 체중을 이동시킵니다."

14 아토피 피부염이 있는 3세 아동이 얼굴을 긁는 것을 예방하기 위해 사용하는 신체보호대로 옳은 것은?

① 장갑 신체보호대
② 조끼 신체보호대
③ 전신 신체보호대
④ 사지 신체보호대
⑤ 벨트 신체보호대

15 완경 이후에 기침이나 재채기를 하면 실금을 하는 상태일 때 간호중재로 가장 적절한 것은?

① 체중을 늘릴 것을 권장한다.
② 수분 섭취를 제한한다.
③ 케겔운동을 권장한다.
④ 즉시 유치카테터를 삽입한다.
⑤ 항콜린제를 투약한다.

16 다음 〈보기〉에서 설명하는 검사로 옳은 것은?

─── 보기 ───
소뇌의 기능을 평가하기 위해 대상자가 눈을 뜬 상태에서 두 발을 모으고 똑바로 서있을 수 있는지 확인한 후 눈을 감은 상태에서 똑바로 서있게 해보는 검사이다. 몸의 균형을 잃고 흔들리면 양성으로 판정한다.

① Weber test
② Allen's test
③ Tensilon test
④ Romberg' test
⑤ Schilling test

17 치료 식이에 대한 설명으로 옳지 않은 것은?

① 저칼륨식이는 신장 질환으로 인해 소변에서 칼륨배설이 감소된 대상자에게 제공한다.
② 연식은 수술 후 회복기 대상자에게 제공되는 식이로 소화가 잘되는 식이이다.
③ 저잔사식이는 장내 내용물을 제거하기 위한 식이로 수술 후 환자에게 제공한다.
④ 고섬유질식이는 대변의 부피를 증가시키기 때문에 설사가 심한 대상자에게 제공한다.
⑤ 유동식은 상온에서 액체상태인 음식으로 위장관 손상이 있는 대상자에게 제공한다.

18 복부검진을 시행하는 순서로 옳은 것은?

① 청진 – 타진 – 촉진 – 시진
② 타진 – 촉진 – 시진 – 청진
③ 타진 – 시진 – 청진 – 촉진
④ 시진 – 청진 – 타진 – 촉진
⑤ 시진 – 촉진 – 타진 – 청진

19 완전 비경구영양(TPN)에 대한 설명으로 옳은 것은?

① 주입 속도가 너무 느릴 경우 삼투성 이뇨, 탈수가 발생할 수 있다.
② 주입용 관을 일주일에 1회 주기로 교체한다.
③ pH검사로 중심정맥관의 위치를 확인한다.
④ 고장성 용액은 말초정맥에 투여한다.
⑤ 주입을 중단할 때는 48시간에 걸쳐 서서히 중단한다.

20 개인위생에 관한 설명으로 옳은 것은?

① 손톱과 발톱은 곡선모양으로 깎는다.
② 의치를 사용하지 않을 때는 거즈에 싸서 보관한다.
③ 당뇨병 환자는 꽉 끼는 양말과 신발을 착용한다.
④ 무의식 환자는 구강간호를 하지 않는다.
⑤ 욕실문은 응급상황을 대비하여 잠그지 않는다.

21 온요법을 올바르게 적용한 것은?

① 운동 후 근육통　　② 발목 염좌
③ 급성 충수염　　　④ 개방성 창상
⑤ 심장수술

22 임신성 고혈압 임부에게 황산마그네슘을 투약하는 이유는 무엇인가?

① 태아 폐 성숙　　　② 자궁 수축
③ 태반관류 유지　　 ④ 통증 감소
⑤ 경련 예방

23 손과 발이 차고 창백한 환자가 체온이 상승하고 오한, 떨림, 추위를 호소할 때 제공해야 하는 간호로 옳은 것은?

① 냉각 도모를 위해 창문을 열어 환기시킨다.
② 체온을 낮추기 위해 미온수 목욕을 시킨다.
③ 체열 생산을 높이기 위해 활동량을 증가시킨다.
④ 보온을 위해 여분의 담요나 이불을 덮어준다.
⑤ 조직의 대사가 증가하므로 수분 섭취를 제한한다.

24 수술 전 강화폐활량계 사용방법에 대해 교육한 내용으로 적절하지 않은 것은?

① "공이 올라오면 바로 숨을 내쉽니다."
② "사용 전 침상머리를 높이거나 앉습니다."
③ "숨을 최대한 내쉰 후 호스를 입에 뭅니다."
④ "최대한 깊게 숨을 들이마셔 공을 올립니다."
⑤ "1시간에 10분씩 5 ~ 10회 반복하여 사용합니다."

25 낙상 위험도가 가장 낮은 환자는 누구인가?

① 침상난간이 내려진 채 혼자 있는 11개월 환자
② 이뇨제를 복용중인 75세 여성 환자
③ 폐렴으로 항생제 투약 중인 30세 남성 환자
④ 양쪽 시력을 상실한 45세 남성 환자
⑤ 과거 낙상 경험이 있는 70세 여성 환자

26 임신 36주 3일된 산모의 태아심음검사 결과 자궁 수축 극점에서 태아심박동이 감소하기 시작하고 자궁수축이 끝난 후에도 태아심박동이 회복되지 않음을 확인하였다. 이때 산모에게 제공할 간호중재로 적절하지 않은 것은?

① 산소를 공급한다.
② 수액 주입 속도를 낮춘다.
③ 산모의 체위를 좌측위로 변경한다.
④ 투여 중인 자궁수축제를 중단한다.
⑤ 응급상황 시 제왕절개 수술을 준비한다.

27 세포에 대한 설명으로 옳은 것은?

① 림프구 : 염증 부위에 가장 빠르게 나타나는 백혈구이다.
② T-림프구 : 항원에 노출되었을 때 혈장세포와 기억세포로 분화된다.
③ $CD8^+$ T림프구 : 보조 T림프구의 세포막은 $CD8^+$라는 단백질을 갖고 있다.
④ $CD4^+$ T림프구 : 세포독성 T림프구로 MHC항원을 포함한 세포를 파괴한다.
⑤ 단핵식세포 : Cytokine이라는 작은 단백질 활성물질을 분비한다.

28 환자 이송 시 갖춰야 하는 약물 중 근 이완제에 해당하는 약물은?

① 노르에피네프린
② 니카르디핀
③ 도파민
④ 아데노신
⑤ 베큐로니움

29 완경기 여성에게 나타나는 증상으로 옳지 않은 것은?

① 안면홍조
② 질 내 산도 증가
③ 교원질 증가
④ 야간발한
⑤ 골다공증

30 고빌리루빈혈증 환아의 치료를 위해 광선요법을 적용할 때 간호중재로 옳지 않은 것은?

① 평상시에도 안대를 계속 적용한다.
② 윤활용 오일이나 로션은 금한다.
③ 자주 체위를 변경한다.
④ 수분을 충분히 공급한다.
⑤ 자주 체온을 측정한다.

31 당뇨병의 병태생리에 대한 내용으로 적절하지 않은 것은?

① 상대적·절대적 인슐린 부족 시 간에서 글리코겐이 포도당으로 분해된다.
② 인슐린이 부족하면 단백질이 이화되어 근육세포가 아미노산으로 전환된다.
③ 인슐린은 지방의 합성을 촉진하고 지방산의 분해를 막아 케톤체 형성을 억제한다.
④ 혈중포도당 농도가 높으면 포도당이 소변으로 배설되어 삼투성 이뇨가 발생한다.
⑤ 인슐린이 부족하면 혈액 내 수소이온농도가 감소하여 대사성 알칼리증이 발생한다.

32 2세 남아가 개 짖는 소리와 같은 기침, 쉰 목소리, 흡기 시 천명음, 호흡곤란으로 응급실에 내원하였다. 간호중재로 적절하지 않은 것은?

① 미온수 마사지를 시행한다.
② 스테로이드, 에피네프린을 투약한다.
③ 따뜻한 공기를 제공한다.
④ 호흡양상을 사정하고 기관 내 삽관을 준비한다.
⑤ 측위나 반좌위를 취해주고 휴식을 제공한다.

33 산성의 약물로 알부민에 결합하는 약물에 해당하는 것은?

① 모르핀
② 답토마이신
③ 데메롤
④ 니카르디핀
⑤ 프로포폴

34 35주 산모의 AFI가 32cm일 때 태아와 임부에게 발생할 수 있는 합병증으로 옳지 않은 것은?

① 태아 폐 형성부전
② 조기파수
③ 제대탈출
④ 태반조기박리
⑤ 이완성 산후출혈

35 산후에 다량의 출혈이 나타나고 복부를 촉진하면 자궁이 물렁하며 자궁의 크기가 커져있을 때 해야 하는 간호로 옳은 것은?

① 모유수유를 금지한다.
② 뜨거운 물로 좌욕을 한다.
③ 황산마그네슘을 투여한다.
④ 자궁저부 마사지를 한다.
⑤ 케겔운동을 교육한다.

36 망상과 환각이 있는 조현병 환자에게 Clozapine(클로자핀) 투약 시 혈액 검사를 정기적으로 시행하는 이유는 어떤 부작용이 나타날 수 있기 때문인가?

① 추체외로계 증후군
② 무과립구증
③ 고혈압
④ 항콜린성 작용
⑤ 프로락틴 분비

37 이틀 전 전신마취로 수술을 받은 환자가 잠을 자지 않고 혼자 중얼거리며 초조하고 안절부절 못하는 모습을 보이고 있다. 가족을 알아보지 못하고 헛소리를 계속하는 대상자에게 제공할 간호중재로 적절하지 않은 것은?

① 주변 환경을 주기적으로 바꾸어 다양한 자극을 제공한다.
② 갈증을 잘 느끼지 못하기 때문에 충분한 수분 섭취를 격려한다.
③ 대화를 통해서 섬망이 악화되는 것을 예방한다.
④ 의사소통 시 간단하고 직접적인 지시 표현으로 반복하여 설명한다.
⑤ 주변에 사용이 익숙한 물건을 배치하고 병실의 불은 항상 켜둔다.

38 간경변증 환자에게 복수가 차는 이유는 무엇인가?

① 동양혈관압과 문맥압이 상승하여 문맥성 고혈압이 발생한다.
② 혈관의 정수압이 감소하여 혈관 내 체액과 혈장 단백질이 증가한다.
③ 간의 알부민 합성이 증가하여 혈관 내 교질 삼투압이 증가한다.
④ 순환혈류량이 증가하여 신장에서 레닌 생성이 감소한다.
⑤ 알도스테론 분비가 저하되어 소듐과 수분의 배출이 증가한다.

39 알코올 의존 환자에 대한 간호중재로 적절하지 않은 것은?

① 비타민 B1을 제공한다.
② naltrexone을 사용한다.
③ 알코올이 해독되면 치료를 마무리 한다.
④ 고단백 식이로 영양을 제공한다.
⑤ 자조집단에 참여하도록 하여 재활을 돕는다.

40 독성 물질에 노출이 되었을 때 간호중재로 적절하지 않은 것은?

① 독성 물질에 접촉된 경우 많은 양의 물을 사용하여 접촉된 피부를 세척한다.
② 뱀에 물린 경우 물린 부위를 동맥혈류가 막히지 않을 정도로 묶는다.
③ 꿀벌에 쏘인 부위에 신용카드로 벌침을 밀어내어 제거한다.
④ 들개에게 물린 경우 물린 부위를 심장 아래에 두고 부목으로 고정한다.
⑤ 강산성 물질을 음독한 경우 물을 마시게 하여 중화한다.

41 항암화학요법에 대한 설명으로 옳지 않은 것은?

① 암세포의 DNA와 RNA 합성 및 복제기능을 방해한다.
② 암세포의 수가 적고, 분열속도가 빠를수록 반응효과가 좋다.
③ 부작용인 탈모는 영구적이므로 정서적 지지가 필요하다.
④ 장기간 투약을 위해 피하터널 카테터나 피하삽입장치를 사용한다.
⑤ 감염 예방을 위해 손 씻기와 무균술을 준수한다.

42 당뇨병 환자가 평소대로 인슐린을 투약하고 식사하였다. 자기 전까지 정상 혈당 범위를 유지하다가 새벽 3시 혈당이 200mg/dL, 아침 공복혈당이 250mg/dL일 때 적절한 간호중재는?

① 취침 전에 사탕을 섭취하게 한다.
② 기상 직후 운동을 하도록 격려한다.
③ 스테로이드를 투약한다.
④ 인슐린 투여 용량을 감량한다.
⑤ 인슐린 투여 용량을 증량한다.

43 인슐린을 주사할 때 주사 부위의 위치를 돌아가며 바꾸어 투약하는 이유는?

① 지방조직의 위축 예방
② 주사 부위 출혈 예방
③ 인슐린의 빠른 흡수
④ 주사 부위 통증 감소
⑤ 피하조직의 괴사 예방

44 부갑상샘 호르몬(PTH)의 효과에 대한 설명으로 옳은 것은?

① 칼슘과 마그네슘의 신세뇨관에서 재흡수를 감소시킨다.
② 파골 작용을 증가시켜 칼슘을 뼈에서 혈액으로 방출시킨다.
③ 인, 중탄산염, 소듐의 재흡수를 촉진하여 인의 배설을 감소시킨다.
④ 신장과 위장관계에서 비타민 D를 비활성화 상태로 전환시킨다.
⑤ 십이지장과 공장에서 칼슘과 인의 흡수를 감소시킨다.

45 다음 〈보기〉에서 설명하는 환자가 천골 부위에 욕창이 발생하였을 때 원인은?

―――― 보기 ――――
빙판길에서 넘어져 고관절 치환술을 받고 한 달째 입원치료 중인 환자는 하루 중 대부분의 시간을 간병인과 대화하며 지내고 있다. 밥은 매끼 2/3 이상 섭취하고 있으며 정상 변을 보고 변을 볼 때마다 간병인이 기저귀를 교환해주고 있다.

① 습한 피부
② 부동
③ 영양 부족
④ 인지 저하
⑤ 오염된 피부

46 양성 전립샘 비대증으로 경요도 전립샘 절제술을 받은 환자에 대한 간호중재로 옳지 않은 것은?

① 수술 후 7일 동안은 침상안정 한다.
② 매일 2 ~ 3L의 수분 섭취를 격려하고 섭취량과 배설량을 정확하게 측정한다.
③ 수술 중 다량의 출혈이 있으며 수술 후 2 ~ 3주간은 소변색이 검게 나옴을 교육한다.
④ 유치도뇨관의 풍선에 30 ~ 45ml의 증류수를 넣어 전립샘와의 출혈 부위를 압박한다.
⑤ 유치도뇨관의 3 - way를 통해 0.9% 생리식염수로 방광세척을 한다.

47 혈류가 차단되어 혈중 pH가 낮아지면서 세포내에 있는 효소의 변성으로 발생하는 괴사로 주로 신장, 심장에서 나타나는 것은?

① 액화괴사
② 응고괴사
③ 건락괴사
④ 건성괴저
⑤ 지방괴사

48 파킨슨병 환자의 운동과 기동력을 증진시키기 위한 간호중재로 옳은 것은?

① 수분과 섬유질 섭취를 제한한다.
② 보행훈련 시 발을 질질 끌며 걷도록 교육한다.
③ 끈이 있는 신발, 지퍼 달린 옷을 착용하도록 한다.
④ 가능한 일상생활을 독립적으로 수행하도록 격려한다.
⑤ 낙상 예방을 위해 움직임을 제한하고 침상안정 한다.

49 25세 여성이 얼굴에 나비모양 발진이 나타나고, 관절통, 발열, 피로감, 식욕 부진, 체중 감소를 호소한다. 이 여성에 대한 간호중재로 적절한 것은?

① 피부를 햇빛에 자주 노출시킨다.
② 관절통이 있는 경우 산책과 걷기 운동을 권고한다.
③ 발진부위에 냉습포를 적용한다.
④ 증상 호전 시 스테로이드를 중단한다.
⑤ 사람이 많이 모이는 곳은 피하도록 한다.

50 혈액 투석을 받고 있는 대상자에게 제공할 간호중재로 옳지 않은 것은?

① 투석 직후 침습적 시술 및 수술을 시행한다.
② 투석 전후 활력징후와 체중을 측정하여 비교한다.
③ 저혈압이 발생한 경우 생리식염수를 정맥으로 주입한다.
④ 뇌부종을 예방하기 위해 혈류 속도를 늦춘다.
⑤ 감염성 질환을 예방하기 위해 무균술을 준수한다.

51 외상성 지주막하출혈 환자의 두개내압 상승 예방을 위한 간호중재로 옳은 것은?

① 흡인을 자주 시행한다.
② 수분 섭취를 격려한다.
③ 침상머리를 30° 상승시킨다.
④ 등척성 운동을 교육한다.
⑤ 기침과 심호흡을 격려한다.

52 요추간판 수술 후 퇴원하는 대상자에게 교육할 내용으로 적절한 것은?

① 의자에 앉을 때는 낮은 의자에 비스듬히 앉는다.
② 수면 시 푹신하고 부드러운 침요를 사용한다.
③ 장시간 서 있을 경우 양쪽 무릎을 편 상태로 유지한다.
④ 물건을 들 때는 허리는 굽히고 무릎은 편 상태로 들어올린다.
⑤ 허리의 근육을 강화시키기 위해 걷기 운동, 수영을 한다.

53 만성폐쇄성폐질환 환자의 폐기능 검사 소견으로 옳은 것은?

① 폐용적 정상
② 전폐용적 감소
③ 잔기량 감소
④ FEV1 감소
⑤ FEV1/FVC 증가

54 다음 〈보기〉와 같이 응급실에 내원한 환자를 사정한 결과가 나왔을 경우 간호중재로 적절한 것은?

─── 보기 ───
- 근 경련, 강직(Tetany), 손가락의 얼얼한 느낌 호소
- 심부건 반사 항진, 트루소 징후(+), 크보스텍 징후(+)
- 심전도 : ST분절 상승, QT간격의 연장
- 혈청 칼슘수치 : 4mg/dL

① 생리식염수와 이뇨제를 투약한다.
② 산성 과일주스, 자두주스를 제공한다.
③ RI를 10% 포도당에 섞어 정맥으로 주입한다.
④ Kayexalate와 같은 양이온 교환수지를 투여한다.
⑤ 10% Calcium gluconate를 천천히 정맥으로 주입한다.

55 고관절 수술 후 장기간 침상안정 중인 환자가 갑자기 오른쪽 다리의 통증, 열감을 호소하여 사정한 결과 오른쪽 다리가 왼쪽 다리에 비해 부어있고 Homan's Sign이 양성이다. 이 환자에게 제공할 간호중재로 적절하지 않은 것은?

① 5 ~ 7일간 침상안정을 유지한다.
② 하지를 심장보다 상승시킨다.
③ 불편감을 완화하기 위해 온찜질을 적용한다.
④ 처방에 따라 항응고제를 투여한다.
⑤ 통증 경감을 위해 마사지를 한다.

56 위 – 식도 역류 질환 환자에게 교육할 내용으로 적절한 것은?

① "수면 시 침상머리를 편평하게 하세요."
② "식사 중에는 물을 먹지 않도록 하세요."
③ "무거운 물건을 들거나 몸을 앞으로 구부리지 마세요."
④ "식사 후에는 똑바로 누워 안정을 취하세요."
⑤ "취침 전 따뜻한 우유나 크래커를 섭취하세요."

57 천식을 앓고 있는 15세 여학생이 호흡 시 쌕쌕거림, 호흡곤란을 호소하며 응급실에 내원하였다. 가장 먼저 투약해야 하는 약물은?

① 스테로이드
② 항히스타민제
③ 속효성 β_2 - agonist
④ 비만세포 안정제
⑤ 류코트리엔 완화제

58 심부전 환자가 안절부절 못하며 호흡곤란, 분홍색의 거품 섞인 객담을 보일 때 간호중재로 옳지 않은 것은?

① 정맥으로 수액을 공급하고 수분 섭취를 권장한다.
② 비강캐뉼라를 통해 분당 2 ~ 6L의 산소를 공급한다.
③ 폐의 울혈을 감소시키기 위해 좌위나 반좌위를 취해준다.
④ 심근수축력 강화를 위해 Digitalis와 같은 강심제를 투여한다.
⑤ 조직의 산소 요구량을 감소시키기 위해 적절한 휴식을 취한다.

59 승모판막폐쇄부전증 환자에게 나타나는 특징으로 옳지 않은 것은?

① 피로
② 폐고혈압
③ 폐정맥 울혈
④ 좌심방압력 증가
⑤ 심박출량 증가

60 세포분열에서 필요한 방추사와 관련이 있는 세포 소기관으로 미소관으로 구성되어 있으며 작은 원통 구조물로 9세트의 3행으로 되어 있는 것은?

① 중심소체
② 골지복합체
③ 내형질세망
④ 리보좀
⑤ 핵

제 02회 | 기출유형 모의고사

1 소아환자에게 Tabaxin 1,100mg을 5% D/W 20mL에 mix하여 Q8hr간격으로 TID IV 투여하라는 처방이 있다. Tabaxin 2.25g에 멸균증류수 8.7mL를 mix하여 1바이알에 총 10mL를 만들었을 때, 1회 주사에 Tabaxin 몇 mL를 준비해야 하는가?

① 2mL
② 3.7mL
③ 4.9mL
④ 6.3mL
⑤ 8.7mL

2 혈압 측정 시 발생할 수 있는 오류에 대한 설명으로 옳은 것은?

① 커프의 폭이 넓은 경우 혈압이 높게 측정된다.
② 커프를 느슨히 감으면 혈압이 낮게 측정된다.
③ 공기 주입이 충분히 이루어지지 않은 경우 혈압이 높게 측정된다.
④ 운동 직후나 활동 직후 혈압 측정 시 혈압이 낮게 측정된다.
⑤ 커프를 감은 팔을 심장보다 높게 올리면 혈압이 낮게 측정된다.

3 다음 〈보기〉의 호흡양상에 대한 설명으로 옳은 것은?

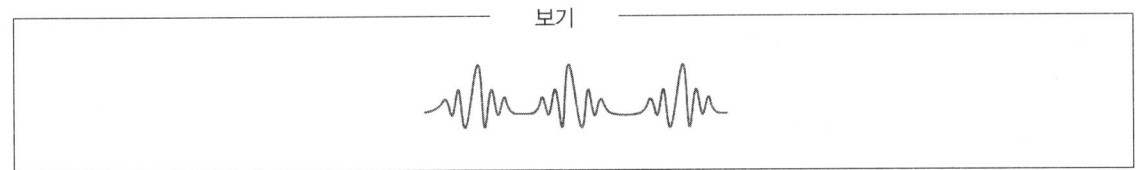

① 쿠스말(Kussmaul) 호흡양상에 해당된다.
② 뇌막염이나 심한 뇌손상 시 나타나는 얕은 호흡이다.
③ 당뇨성 케톤산과증 대사성 산독증에서 나타나는 호흡이다.
④ 과일향이 나며 호흡의 깊이와 수가 증가한 깊고 긴 호흡이다.
⑤ 무호흡주기에 이어 과다호흡주기가 교대로 나타난다.

4 외과적 무균술의 적용 원칙에 대한 설명으로 옳지 않은 것은?

① 멸균용액을 부을 때 소량 버린 후 원하는 양을 멸균용기에 붓는다.
② 멸균장갑을 착용한 손은 허리선 위 또는 시야 내에 있어야 하고 멸균물품만 접촉한다.
③ 멸균용액을 따르는 동안 뚜껑의 안쪽 면이 위로 향하게 든다.
④ 멸균영역 내에서 사용하는 모든 물품은 멸균된 것이어야 한다.
⑤ 멸균물품의 표면이 젖은 경우 오염된 것으로 간주한다.

5 약물의 투약 방법에 대한 설명으로 옳은 것은?

① 설하제는 혀 밑에서 약이 다 흡수될 때까지 물을 마시지 않는다.
② 안연고는 하안검의 외측에서 내측으로 바른다.
③ 편마비 환자에게 경구투약 시 마비된 쪽으로 약을 투여한다.
④ 항생제 피부반응검사 후 약물 흡수를 돕기 위해 마사지한다.
⑤ 질좌약은 심스 체위를 취하고 직장벽에 밀착시키면서 밀어 넣는다.

6 사후에 혈액순환이 정지된 후 적혈구의 용혈로 피부가 보랏빛으로 변색되는 것을 의미하며, 신체의 가장 낮은 부위에서 나타나는 것으로 안면 변색을 예방하기 위해 머리를 높이는 것과 관련된 현상은?

① 사후강직　　　　　　　　② 사후시반
③ 사후한랭　　　　　　　　④ 사후연화
⑤ 사후부패

7 폐렴으로 입원한 환자에게 나타날 수 있는 저산소증의 임상징후는 무엇인가?

① 느리고 깊은 호흡　　　　② 섬망
③ 빠른 맥박　　　　　　　　④ 전신홍조
⑤ 동맥혈 내 산소분압 증가

8 1년 전 초경을 시작한 14세 여성이 심한 월경통과 구토, 설사로 내원하였다. 검진 결과 기질적 병변이 없는 경우 월경통의 원인은?

① 프로스타글란딘의 과도한 합성
② 질 내 산성도 증가
③ 질의 탄력성 및 긴장도 저하
④ 자궁협부 긴장도 완화
⑤ 에스트로겐 분비 감소

9 왼쪽 하지에 석고붕대를 적용 중인 환자에게 왼쪽 하지 근력과 근긴장도를 유지시키고 근위축을 예방하기 위한 운동으로 적절한 것은?

① 능동적 관절범위운동
② 수동적 관절범위운동
③ 등척성 운동
④ 등장성 운동
⑤ 저항운동

10 욕창 발생을 예방하기 위한 간호중재로 옳지 않은 것은?

① 습한 피부는 압력과 마찰에 쉽게 손상 받을 수 있으므로 건조한 피부상태를 유지한다.
② 전단력으로 인한 손상 예방을 위해 체위 변경 시 끌거나 잡아당긴다.
③ 적절한 단백질과 열량을 섭취하고 필요한 비타민을 보충한다.
④ 관절의 유동성을 유지하고 강직을 예방하기 위해 능동적·수동적 관절범위운동을 실시한다.
⑤ 한 부위에 지속적인 압력이 가해지는 것을 예방하기 위해 2시간마다 체위를 변경한다.

11 유치도뇨관 삽입 중인 환자에 대한 간호중재로 옳은 것은?

① 감염 위험을 최소화하기 위해 주 1회 회음부 간호를 제공한다.
② 배뇨관 위에 눕거나 배액관이 꼬이지 않도록 교육한 뒤에 적절하게 고정한다.
③ 소변을 알칼리화 시키는 식이를 제공한다.
④ 소변주머니를 방광보다 높게 위치한다.
⑤ 배액관을 분리한 후 도뇨관의 소변을 검사용기에 담는다.

12 임질에 관한 설명으로 옳은 것은?

① 에스트로겐 질정이나 질 크림으로 치료한다.
② 트레포네마 팔리듐균에 의해서 나타나는 염증성 질환이다.
③ 임신 중 태반을 통과하기 때문에 임신유지가 불가능하다.
④ 산도를 통해 신생아에게 결막염을 초래할 수 있다.
⑤ 치료기간 중 성생활이 가능하다.

13 자가 조절 진통장치(PCA)에 대한 설명으로 옳은 것은?

① 통증 호소 시 간호사가 버튼을 눌러 약물을 주입한다.
② 부작용으로 호흡중추 자극으로 인한 호흡 증가가 발생할 수 있다.
③ 과다한 용량이 투여될 수 있어 주의가 필요하다.
④ 지속적으로 진통 효과가 있으며 혈청 마약 수준을 일정하게 유지한다.
⑤ 의식이 없는 대상자에게 적용할 수 있다.

14 임신 중 산모에게서 흐릿한 시야와 지속적으로 심한 두통 증상이 있는 경우 예상할 수 있는 질환은?

① 감염
② 임신오조증
③ 자간전증
④ 조기진통
⑤ 조기 양막파열

15 기관절개관을 삽입 중인 환자에 대한 간호로 옳지 않은 것은?

① 기관절개를 하자마자 커프의 압력을 이완시킨다.
② 기관 주위에 출혈과 부종 등이 있는지 확인한다.
③ 환자에게 금연을 하도록 교육한다.
④ 구강간호를 실시한다.
⑤ 과산화수소를 이용하여 내관을 세척한다.

16 장기간 부동 상태인 환자의 천골 부위에서 욕창이 발생하였다. 근육과 지지조직의 광범위한 손상과 괴사조직이 있으며 공동을 형성하였다. 다량의 삼출물과 출혈이 있는 이 부위에 적용할 수 있는 일차적인 드레싱 방법은?

① 거즈드레싱
② 칼슘 알지네이트
③ 투명필름 드레싱
④ 하이드로 콜로이드
⑤ 하이드로 겔

17 렘(REM)수면 단계의 특징으로 옳지 않은 것은?

① 안구 운동이 빠르고 뇌파 활동이 활발하다.
② 꿈을 꾸고 나면 대부분 꿈 내용을 기억한다.
③ 호흡과 맥박이 증가하고 혈압이 상승한다.
④ 근긴장이 저하되고 근육이 이완된 상태이다.
⑤ 성장호르몬 분비가 증가하고 몽유병이 나타난다.

18 요추천자 시행 후 6 ~ 12시간 동안 베개를 베지 않고 앙와위로 누워있도록 하는 이유는?

① 경추의 지나친 굴곡 방지
② 두개뇌압의 상승 예방
③ 심한 두통의 발생 예방
④ 뇌척수액의 재생 촉진
⑤ 긴장과 불안감 완화

19 간호사가 환자에게 주사를 놓기 전 주사 부위에 냉요법을 적용하였다. 냉요법의 어떤 생리적 효과를 이용한 것인가?

① 모세혈관 확장
② 통증 감소
③ 근육 이완
④ 조직대사 증가
⑤ 혈액순환 촉진

20 경장영양에 대한 설명으로 옳지 않은 것은?

① 주입 속도가 빠를 경우 오심, 구토, 설사, 복통이 발생할 수 있다.
② 영양액을 주입하기 전과 후에는 위관을 씻기 위해 20 ~ 30cc 물을 주입한다.
③ 경장영양 전에 위 잔여량이 150cc인 경우 흡인액을 다시 넣고 영양액을 공급한다.
④ 영양액의 온도가 너무 낮거나 높으면 장경련, 오한이 나타날 수 있다.
⑤ 경장영양 전에 반좌위 또는 좌위를 취해준다.

21 산부의 정상 질식 분만을 결정하는 좌골극 간 경선은?

① 7cm
② 7.5 ~ 8cm
③ 8.5 ~ 9cm
④ 9.5cm
⑤ 10cm

22 신장 이식 후 Cyclosporine을 투약 중인 환자에게 교육할 내용으로 적절하지 않은 것은?

① "감염에 취약하기 때문에 개인위생을 철저히 하고 사람이 많은 곳은 피합니다."
② "우유와 함께 복용할 경우 약물의 효과 및 부작용이 증가할 수 있어 금합니다."
③ "주기적인 혈액 검사를 통해 혈중 농도를 측정하여 약물의 용량을 조절합니다."
④ "다른 약물과 상호작용이 있을 수 있어 담당의사와 상의 후 약물을 투약합니다."
⑤ "부작용으로 고혈압과 신장장애가 발생할 수 있어 혈압과 신기능 모니터링이 필요합니다."

23 수술 전 Atropine과 같은 항콜린제를 투약하는 이유는?

① 수술 후 오심과 구토를 방지
② 불안감을 감소시키고 진정을 유도
③ 감염 예방
④ 위산 생성을 줄여 위-십이지장 궤양을 예방
⑤ 구강과 호흡기계 분비물의 축적 감소

24 COPD 환자에게 고농도의 산소를 투여하지 않는 이유는 무엇인가?

① 고농도의 산소로 비강점막이 건조해져 점막이 손상될 수 있기 때문이다.
② 낮은 이산화탄소 농도가 호흡중추를 자극하여 호흡을 조절하기 때문이다.
③ 고농도의 산소가 망막부종과 망막혈관의 증식을 초래하기 때문이다.
④ 높은 혈중산소 농도로 무호흡을 초래하기 때문이다.
⑤ 고농도의 산소는 기흉, 폐렴, 무기폐 발생을 증가시키기 때문이다.

25 당뇨병 환자가 의식 저하로 응급실에 내원하였다. 검사결과가 〈보기〉와 같을 때 우선적으로 수행해야 할 간호중재는?

보기
- 혈당 : 680mg/dL
- ABGA : pH 7.28
- 혈청 나트륨 : 120mEq/L
- 소변 검사 : 케톤5+
- 중탄산염 : 15mEq/L

---

① 중탄산염을 투여한다.
② 심전도를 모니터한다.
③ 글루카곤을 투여한다.
④ 생리식염수를 정맥 주입한다.
⑤ 산소를 공급한다.

26 남편이 아내를 폭행한 이후 죄책감에 반복적으로 손을 씻는 행위와 관련된 방어기제는?

① 억제
② 전치
③ 퇴행
④ 취소
⑤ 반동형성

27 부신피질기능저하증(Addison's Disease)에서 나타나는 임상증상으로 적절한 것은?

① 지방의 비정상분포로 만월형 얼굴이 나타난다.
② 인슐린 분비장애로 고혈당이 나타난다.
③ 포타슘 배출이 저하되어 고칼륨혈증이 발생한다.
④ 소듐과 수분배출이 감소하여 고나트륨혈증이 발생한다.
⑤ 체액량이 증가하여 고혈압이 나타난다.

28 메니에르병 환자의 간호중재로 옳은 것은?

① 베개로 머리 양쪽을 지지한다.
② 따뜻한 커피를 마시도록 한다.
③ 병실의 조명을 밝게 유지한다.
④ 큰 목소리로 이야기한다.
⑤ 염분이 많은 식이를 제공한다.

29 대상포진의 특징으로 옳지 않은 것은?

① 면역기능이 저하된 환자에게 빈번하게 발생한다.
② 원인 바이러스는 varicella-zoster virus이다.
③ 신경을 따라서 무리를 지어서 특징적으로 수포가 나타난다.
④ 포진이 가라앉고 난 이후에는 무증상이다.
⑤ acyclovir를 사용하여 치료를 한다.

30 유방암으로 유방절제술을 받은 환자에게 수술한 쪽의 팔을 심장보다 높게 유지하도록 교육하는 이유는?

① 림프부종 예방   ② 통증 완화
③ 출혈 예방   ④ 근 위축 예방
⑤ 상지 혈전 형성 예방

31 신생아에게 나타날 수 있는 피부 증상 중 정상이 아닌 것은?

① 대리석양 피부   ② 출생 24시간 내 황달
③ 할리퀸 증상   ④ 태지
⑤ 몽고인 반점

32 통풍 환자에게 시행할 간호중재로 옳은 것은?

① 수분 섭취를 제한한다.
② 온찜질을 하고 마사지를 한다.
③ 아스피린을 투여한다.
④ 근력강화 운동을 권장한다.
⑤ 쌀밥, 빵, 우유 등의 음식을 섭취하게 한다.

33 갱년기 여성을 대상으로 한 골다공증 예방교육으로 적절한 것은?

① "하루 1,500mg 이상의 칼슘을 섭취하세요."
② "골절 예방을 위해 침상안정을 하세요."
③ "푹신한 매트리스를 사용하도록 하세요."
④ "볼링이나 승마와 같은 운동을 하세요."
⑤ "닭고기, 달걀과 같은 고단백 식이를 하세요."

34 20세 남성이 혈뇨로 경피적 신생검을 위해 내원하였다. 간호중재로 적절한 것은?

① 생검을 하는 동안 측위를 취하도록 한다.
② 생검 후 첫 24시간 동안 수분 섭취를 제한한다.
③ 생검 후 첫 4시간 동안 기침과 심호흡을 격려한다.
④ 생검 후 적어도 24시간 동안 침상안정을 유지한다.
⑤ 생검 직후 고강도 운동이나 활동이 가능하다.

35 임신의 확정적 징후에 해당하는 것은?

① 첫 태동
② 입덧
③ 태아 심박동
④ Goodell's sign
⑤ Chadwick's sign

36 항결핵 약물과 복용 시 주의사항을 올바르게 연결한 것은?

① Rifampin : 투약 시작 전 시력과 색깔 판단력 검사를 시행한다.
② Isoniazid : 말초신경염 예방을 위해 Pyridoxine을 투여한다.
③ Ethambutol : 투약 시작 전 청력검사를 시행한다.
④ Pyraxinamide : 소변색이 오렌지색으로 변색될 수 있음을 알려준다.
⑤ Cycloserine : 요산검사와 간 기능 검사를 시행한다.

37 급성 충수염 환자에게서 나타나는 임상증상은?

① Murphy's sign
② 배꼽 주위 피하출혈
③ 옆구리 부위 피하출혈
④ 우측 어깨로 방사되는 통증
⑤ McBurney point의 반동성 압통

38 왼쪽 편마비가 있는 뇌졸중 환자의 연하 증진을 위한 간호중재로 옳은 것은?

① 식사 시 머리와 목을 약간 뒤로 젖힌다.
② 마비된 쪽에 음식을 넣어주고 씹도록 한다.
③ 연식이나 걸쭉한 음식보다는 액체음식을 제공한다.
④ 자극을 주기 위해 뜨겁거나 차가운 음식을 제공한다.
⑤ 식사 중이나 식사 후에는 똑바로 앉는 자세를 취해준다.

39 견과류를 먹은 여성이 입술이 붓고 쉰 목소리가 나며 목안에 혹이 있는 느낌이라고 표현한다. 안절부절 못하며 불안해 하고 어지러움을 호소할 때 간호중재로 적절하지 않은 것은?

① 마스크로 고농도 산소를 공급한다.
② 혈압강하제를 정맥으로 투여한다.
③ 에피네프린 0.3 ~ 0.5mL를 피하로 투여한다.
④ 생리식염수나 혈장증량제를 정맥으로 투여한다.
⑤ 기도를 확보하고 똑바로 앉는 자세를 취해준다.

40 갑자기 상복부에 극심한 통증을 호소하며 오심과 구토, 발열, 황달을 동반한 환자가 응급실에 내원하였다. 통증은 좌측 어깨로 방사되며 똑바로 누운 상태에서는 악화되어 무릎을 끌어당기고 배를 보호하는 자세를 취하고 있다. 이 남성을 사정한 결과가 〈보기〉와 같을 때 간호중재로 옳지 않은 것은?

보기

- 배꼽주위 피하출혈, 옆구리 부위 피하출혈
- 혈청 아밀라아제 증가, 혈청 빌리루빈 증가
- 백혈구 증가, 고혈당

---

① 통증조절을 위한 일차약제로 Morphine을 투약한다.
② 췌장액 분비를 감소시키기 위해 항콜린제를 투약한다.
③ 혈당을 자주 측정하고 처방에 따라 인슐린을 투여한다.
④ 급성기에는 금식하고 정맥으로 수액을 공급한다.
⑤ 염증을 억제하기 위해 항생제를 투여한다.

41 위 절제술을 받은 환자가 피로, 권태감, 식욕 부진을 호소하며 피부가 창백하다. 최근 기억력이 감소하였고 사지가 무감각하고 저리다고 표현한다. 이 남성의 검사결과가 다음 〈보기〉와 같을 때 간호중재는?

보기

- 적혈구 수 : 150만/㎣
- 망상적혈구 수 : 10,000/㎣
- 혈색소 : 8g/dL
- 쉴링검사 : 24시간 소변 비타민 B12 배설률 7% 미만, 내적인자 투여 후 재검 배설률 7% 이상

---

① 엽산을 매일 경구투여한다.
② 매달 비타민 B12를 근육주사한다.
③ 응급으로 비장절제술을 준비한다.
④ 경구용 철분제와 비타민 C를 투여한다.
⑤ 철분 함유량이 많은 음식을 섭취한다.

42 한국간호사 윤리강령에서 다음 내용에 해당하는 것은?

> 보기
>
> 간호사는 간호대상자의 국적, 인종, 종교, 사상, 연령, 성별, 정치적·사회적·경제적 지위, 성적 지향, 질병과 장애의 종류와 정도, 문화적 차이를 불문하고 차별 없는 간호를 제공한다.

① 개별적 요구 존중
② 사생활 보호 및 비밀 유지
③ 평등한 간호 제공
④ 취약한 대상자 보호
⑤ 간호표준 준수

43 지역사회 정신건강간호에서 2차 예방 수준에 해당하는 것은?

① 스트레스 관리를 위한 노래치료 프로그램
② 만성 정신질환자 대상으로 직업훈련 실시
③ 학생들을 대상으로 학교폭력 예방교육
④ 퇴원하는 정신질환자에게 약물교육
⑤ 치매선별검사를 통한 치매조기 발견

44 건성 흉막염의 증상으로 옳지 않은 것은?

① 발열
② 전신 쇠약감
③ 얕고 빠른 호흡
④ 흡기 시 통증 완화
⑤ 청진 시 마찰음

45 재생불량성빈혈 환자가 양쪽 팔에 점상출혈이 있어 응급실에 내원하였다. 혈액검사 결과 혈소판 수가 28,000/㎣일 때 간호중재로 적절한 것은?

① 직장으로 체온을 측정한다.
② 침대난간에 패드를 대어준다.
③ 단단한 칫솔과 치실을 사용한다.
④ 변비 시 좌약 투약, 관장을 한다.
⑤ 발열 시 아스피린을 투약한다.

46 H.pylori 감염으로 인한 소화성궤양의 약물요법 중 양성자펌프 억제제에 해당하는 것은?

① Sucralfate(Carafate)
② Omeprazole(Losec)
③ Nizatidine(Azid)
④ Cimetidine(Tagamet)
⑤ Aluminum hydroxide(Amphojel)

47 조현병으로 항정신병약물 치료를 시작한 대상자가 목과 어깨 근육의 뻣뻣함, 턱 근육의 경직 증상이 나타나며 음식을 삼키기 어렵다고 호소하였다. 간호사의 반응으로 적절한 것은?

① 약물 부작용으로 나타난 증상이며 영구적으로 지속됨을 설명한다.
② 불안감을 감소시키기 위해 조용하고 자극이 적은 환경을 제공한다.
③ 항콜린성 부작용이므로 즉각적으로 콜린성 약물을 투약한다.
④ 조현병 증상이 악화된 것이므로 약물 용량을 증량한다.
⑤ 식사를 할때 기도 내 흡인을 예방하기 위해 똑바로 눕힌다.

48 다음 〈보기〉와 관련된 환자 안전의 개념은 무엇인가?

―― 보기 ――

간호사가 O형(Rh⁺)환자에게 이중 확인 없이 농축적혈구 혈액 수혈을 시작하였고 수혈 시작 5분 뒤 환자가 호흡곤란을 호소하여 확인한 결과 B형(Rh⁺)농축적혈구 혈액이 주입되고 있음을 발견하였다. 환자는 기도삽관 후 인공호흡기 치료를 위해 중환자실로 전동하였다.

① 적신호사건
② 근접오류
③ 주의의무태만
④ 스위스 치즈모형
⑤ 하인리히 법칙

49 응급실에 내원한 환자 중에서 가장 우선적인 조치가 필요한 환자는?

① 심한 호흡부전
② 발목 폐쇄성골절
③ 고열을 동반한 경련
④ 손가락 부분절단
⑤ 전신 30% 2도 화상

50 위에서 분비되는 소화액이 아닌 것은?

① 염산
② 펩신
③ 위 라파아제
④ 아밀라제
⑤ 내인자

51 알레르기성 비염으로 항히스타민제 투여 시 나타날 수 있는 부작용으로 옳지 않은 것은?

① 변비
② 시야장애
③ 구강건조
④ 과잉 흥분
⑤ 땀 분비감소

52 다음 〈보기〉에서 골절의 치유과정을 순서대로 나열한 것은?

───── 보기 ─────
㉠ 혈종 및 육아조직형성
㉡ 골화
㉢ 가골 형성
㉣ 골 강화와 재형성

① ㉢ - ㉠ - ㉡ - ㉣
② ㉢ - ㉡ - ㉣ - ㉠
③ ㉡ - ㉠ - ㉢ - ㉣
④ ㉠ - ㉡ - ㉢ - ㉣
⑤ ㉠ - ㉢ - ㉡ - ㉣

53 의식 저하로 내원한 43세 남성 환자가 통증 자극에 눈을 뜨고 알아들을 수 없는 신음소리를 내며, 자극에 움츠리고 피하려는 모습을 보였다. 이 환자의 GSS사정 결과는?

① E2V3M5
② E2V2M4
③ E2V1M3
④ E3V3M4
⑤ E3V2M3

54 뇌하수체저하증으로 나타나는 증상이 아닌 것은?

① 난쟁이증
② 쿠싱증후군
③ 요붕증
④ 얼굴 부종
⑤ 저혈압

55 섭취량과 배설량을 측정할 때 배설량에 포함되지 않는 것은?

① 설사
② 상처배액
③ 복막주입액
④ 심한 발한
⑤ 위흡인액

56 다음 〈보기〉에서 설명하는 비타민은?

―― 보기 ――
- 과량의 알코올 섭취 시 흡수율 저하로 운동실조, 인지기능 저하, 시력 변화와 같은 베르니케-코르사코프 증후군이 발생한다.
- 충분히 섭취하지 못하면 신경병증, 호흡곤란, 기억력 감퇴, 근육통이 나타난다.

① 비타민 A
② 비타민 B1
③ 비타민 B2
④ 비타민 B12
⑤ 비타민 K

57 6세 아동의 놀이에 대한 설명으로 옳은 것은?

① 자신의 신체 부위와 손에 닿는 것을 가지고 탐색한다.
② 다른 아동이 노는 것을 지켜보나 그 놀이에 참여하지는 않는다.
③ 동일한 놀이에 같이 참여하나 놀이의 목표나 역할이 없다.
④ 다른 아동들 사이에서 같은 장난감을 갖고 놀지만 함께 놀지 않는다.
⑤ 게임에 일정한 규칙이 있고 특별한 놀이의 목표가 있다.

58 호르몬에 대한 설명으로 적절하지 않은 것은?

① Gastrin과 Secretin은 외분비호르몬으로 직접 위장관계에 분비된다.
② 월경주기를 조절하는 호르몬은 음성회한체계에 따라 조절된다.
③ 뇌하수체 후엽은 항이뇨호르몬을 분비하여 신장에서 수분재흡수를 조절한다.
④ 내분비샘에서 분비되는 호르몬은 혈류를 따라 이동하여 표적기관에 작용한다.
⑤ 시상하부는 방출호르몬을 분비하여 뇌하수체 전엽의 호르몬분비를 억제하거나 자극한다.

59 류마티스 관절염에 관한 내용으로 옳지 않은 것은?

① 연골의 퇴행으로 관절면의 뼈가 과잉 증식하여 관절강의 협착이 나타난다.
② 관절뿐만 아니라 폐, 혈관, 눈, 비장과 같은 다른 장기에도 영향을 미친다.
③ IgG항체가 류마티스인자와 면역복합체를 형성하여 염증을 유발한다.
④ 활액낭과 결체조직에서 림프구, 대식세포, 중성구가 염증을 심화시킨다.
⑤ 판누스라 불리는 섬유성 육아조직이 관절연골 표면에서 관절을 유합시킨다.

60 다음 신경계의 역할을 바르게 설명한 것은?

① 뇌실의 맥락총 세포에서는 신경전달물질을 생산하여 방출시킨다.
② 슈반세포는 수초로 싸여 신경자극을 전달한다.
③ 뉴런은 전기자극을 발생하여 신체부위에 자극을 전달하는 신경계 기본단위이다.
④ 13쌍의 뇌신경은 뇌의 기저부에서 나온다.
⑤ 간뇌는 청각과 시각을 조절하는 역할을 한다.

제 03 회 기출유형 모의고사

1 간질환으로 혈액 응고인자의 결핍되어 출혈이 발생하는 경우에 혈액의 응고인자를 보충하기 위해서 사용하는 혈액은?

① 신선동결혈장
② 전혈
③ 농축적혈구
④ 혈소판
⑤ 백혈구 제거 혈액

2 이 비타민이 심각하게 결핍된 경우에 각기병이 유발될 수 있으며 고농도로 섭취하면 신경계 기능에 증상이 초래될 수 있다. 탄수화물 에너지 대사에 필요한 비타민으로 적절한 것은?

① thiamine
② riboflabin
③ niacin
④ pyridoxin
⑤ cyanocobalamin

3 VRSA 환자에게 적용해야 하는 감염 관리 지침으로 적절하지 않은 것은?

① 내성으로 인한 감염예방을 위해 항생제 사용을 금한다.
② 침습적 시술 시행 전 손위생을 실시한다.
③ 사용한 기구는 재사용 전 소독을 시행한다.
④ 코호트 격리 또는 접촉주의를 시행한다.
⑤ 환자를 접촉할 때에는 개인 보호구를 착용한다.

4 뇌의 윌리스환에서 후방순환을 하는 혈관은?

① 내경동맥
② 척추동맥
③ 중간대뇌동맥
④ 전교통동맥
⑤ 폐동맥

5 응급실을 통해 입원한 환자가 불안하고 초조한 모습을 보인다. 창백하며 축축하고 차가운 피부가 나타나고 핍뇨 증상이 있다. 활력징후가 〈보기〉와 같은 경우 이 환자의 쇼크 종류에 해당하는 것은?

---보기---
- 혈압 : 100/45mmHg
- 맥박 : 120회/min
- 호흡 : 24회/min

① 심인성 쇼크
② 패혈성 쇼크
③ 신경성 쇼크
④ 아나필락틱 쇼크
⑤ 저혈량성 쇼크

6 욕창 환자 가족에게 교육할 수 있는 사항으로 옳은 것은?

① "에어 매트리스를 적용하여 신체부위 압박을 완화시켜주세요."
② "뼈 융기 부분을 매일 마사지해주세요."
③ "고지방, 고탄수화물 위주의 식이를 제공해주세요."
④ "체중 경감을 위해 도넛베개를 사용해주세요."
⑤ "피부가 덧나지 않도록 가능한 한 자세를 유지시켜주세요."

7 치매 환자 간호 시 주의해야 할 사항으로 옳은 것은?

① 인지적 자극을 위하여 핵심정보만 제공한다.
② 치매가 완치될 수 있다는 것을 확인시켜준다.
③ 확실하고 강경한 말투로 의사소통한다.
④ 인지장애가 있다면 억제대로 활동을 제한한다.
⑤ 환자의 안정을 위하여 어두운 조명을 사용한다.

8 복막투석에 대한 설명으로 옳은 것은?

① 체외 투석기를 사용하여 노폐물을 걸러 준다.
② 치료시간이 3 ~ 4시간 정도로 짧은 편이다.
③ BUN 수치가 상승할 수 있다.
④ 칼륨 섭취를 제한한다.
⑤ 합병증으로 복막염이 발병할 수 있다.

9 맥박을 감소시키는 요인으로 올바른 것은?

① Epinephrine   ② Digitalis
③ COPD   ④ 출혈
⑤ 앉거나 선 자세

10 Dysmenorrhea 증상이 있는 환자에게 할 수 있는 간호로 적절한 것은?

① NSAIDs를 투여한다.
② 병적부위 제거술을 시행한다.
③ 근력 운동을 권장한다.
④ 냉수욕을 주기적으로 하도록 격려한다.
⑤ 완전비경구영양을 시행한다.

11 세포외액에 대한 설명으로 틀린 것은?

① 세포에 전해질을 전달한다.
② 노폐물을 운반한다.
③ 체온조절을 한다.
④ 혈장액, 간질액, 림프액, 세포간액으로 구성된다.
⑤ 과다 시 수분중독증이 나타난다.

12 망막박리 수술 후 간호중재로 옳지 않은 것은?

① 독서와 같은 근거리 작업을 제한한다.
② 퇴원 후 2주간 눈에 물이 닿지 않도록 한다.
③ 재채기나 기침은 피하도록 교육한다.
④ 최대한 머리를 움직이지 않도록 한다.
⑤ 모양근 마비제를 투여한다.

13 여드름 발생한 청소년에게 해야 하는 간호중재로 적절한 것은?

① 항히스타민제를 투여한다.
② 고탄수화물 식이를 제공한다.
③ 중성비누를 사용하여 세수를 한다.
④ 하루 5회 이상 자주 세안을 한다.
⑤ 증상 완화될 때까지 외출을 제한한다.

14 와파린과 헤파린을 비교한 내용으로 옳은 것은?

① 와파린은 비타민 A를 활성화시키는 효소를 억제한다.
② 헤파린은 트롬빈을 활성화시켜 응고기전을 억제한다.
③ 와파린은 피하주사로 투여하고 헤파린은 경구로 복용한다.
④ 와파린은 aPTT, 헤파린은 INR을 통해 약물 농도를 확인한다.
⑤ 와파린을 과량 투여 시 비타민 K를 투여한다.

15 천식 증상이 있는 아동에게 적용해야 하는 약물로 옳지 않은 것은?

① Cromolyn Sodium
② Aspirin
③ Epinephrine
④ Corticosteroid
⑤ Albuterol

16 아라키돈산의 대사물인 것은?

① 브라디키닌
② 피브린
③ 프로스타글란딘
④ 신경펩티드
⑤ 세로토닌

17 다음 〈보기〉에서 우심실이 비후해지는 증상이 나타나는 질환을 모두 고른 것은?

보기

㉠ 대동맥 판막협착 ㉡ 대동맥 판막부전
㉢ 승모판 협착   ㉣ 승모판 부전
㉤ 삼첨판 부전

① ㉠㉤ ② ㉠㉢
③ ㉡㉣ ④ ㉡㉤
⑤ ㉢㉣

18 억제대를 사용할 때 주의사항으로 옳지 않은 것은?

① 환자의 움직임은 가능한 범위 내로 최대한 허용한다.
② 일정시간마다 억제대를 풀어서 순환을 유지한다.
③ 환자와 보호자가 원하면 처방 없이 사용이 가능하다.
④ 손가락 두 개가 들어갈 수 있도록 여유를 둔다.
⑤ 매듭을 대상자가 손쉽게 풀 수 없도록 한다.

19 가장 흔히 사용되는 저유량 산소 공급 장치로, 움직임에 제한이 없어 안전하며 간단한 장치이다. 24 ~ 44%까지 농도 유지가 가능하여 낮은 농도 산소가 필요한 환자에게 사용되는 산소 공급 장치는?

① Nasal Cannula
② Simple Face mask
③ Non – Rebreather mask
④ Tracheostomy Collar
⑤ Venturi Mask

20 다음 중 간호의 질(Quality)에 대한 설명으로 옳지 않은 것은?

① 전문적 요인과 사회적 · 경제적 측면에서 간호의 질 관리의 필요성을 가진다.
② 표준과 기준은 간호의 질을 조직화하는 데 필요한 핵심적 개념이다.
③ 간호 표준은 어느 조직에서나 공통적으로 적용된다.
④ 질은 간호 서비스에 대한 표준에 근거를 둔다.
⑤ 간호의 질 평가도구에는 소급평가와 동시평가가 있다.

21 쇼크(Shock) 환자의 전반적인 증상으로 옳지 않은 것은?

① 빠른 맥박
② 혈압 상승
③ 맥압 감소
④ 발한 증세
⑤ 체온 하강

22 임종이 임박한 환자의 신체적 징후로 옳지 않은 것은?

① 안면근의 이완
② Cheyne – Stokes 호흡
③ 요실금
④ 빈맥
⑤ 청색증

23 공복혈당의 정상 범위는?

① 40 ~ 60mg/dl
② 70 ~ 90mg/dl
③ 80 ~ 110mg/dl
④ 110 ~ 130mg/dl
⑤ 130 ~ 150mg/dl

24 다음 〈보기〉의 간호 전달 체계의 종류는?

─ 보기 ─
전문직 간호사와 간호보조 인력이 함께 팀을 이루어 일을 하는 것으로, 일반적으로 2 ~ 3명의 간호요원이 분담 받은 환자들의 입원에서 퇴원까지 모든 간호를 담당한다.

① 팀 간호　　　　　　　　② 일차간호
③ 모듈간호　　　　　　　　④ 사례관리
⑤ 기능적 분담

25 환자는 모든 일에 지나친 불안, 걱정이 6개월 이상 지속되어 대인관계, 사회활동에 어려움을 겪고 있으며 두통, 불면증, 근육통 등의 신체 증상이 동반되었다. 이와 관련된 불안 장애 유형은?

① 공황장애　　　　　　　　② 광장공포증
③ 사회불안장애　　　　　　④ 범불안장애
⑤ 특정 공포증

26 다음 〈보기〉에서 죽음 수용 단계 5단계를 순서대로 배열한 것은?

─ 보기 ─
㉠ 분노와 우울을 수용하고 작별을 준비한다.
㉡ 죽음을 받아들이지만 죽음이 지연될 수 있도록 비현실적인 타협을 시도한다.
㉢ 병을 받아들이면서 극도로 우울해진다.
㉣ 현실을 부정하고 오진이라 판단한다.
㉤ 자신에게 일어난 일에 분노를 표출한다.

① ㉤ - ㉣ - ㉢ - ㉠ - ㉡
② ㉣ - ㉤ - ㉡ - ㉢ - ㉠
③ ㉢ - ㉣ - ㉤ - ㉡ - ㉠
④ ㉠ - ㉢ - ㉣ - ㉡ - ㉤
⑤ ㉢ - ㉣ - ㉠ - ㉤ - ㉡

27 만성 기관지염과 폐기종의 공통적인 증상과 징후로 옳은 것은?

① $PaCO_2$ 상승, PaO_2 저하 ② 공명음
③ 기좌호흡 ④ 기침, 객담이 적음
⑤ 체중 감소

28 흉부물리요법에 대한 설명으로 틀린 것은?

① 진동은 소아에게 시행하지 않는다.
② 체위 배액 중에 저혈압이 나타나면 중단한다.
③ 타진이 끝나고 분비물을 뱉어내게 한다.
④ 척추 부위는 진동시키지 않는다.
⑤ 식후에 시행한다.

29 다음 〈보기〉의 상황에 고려해야 하는 의료진의 윤리적 원칙과 거리가 먼 것은?

───── 보기 ─────
말기 암 환자 A 씨에게는 이제 진통제도 잘 듣지 않는다. 심각한 통증으로 계속 울부짖으며 몸부림치고 고통으로 잠도 자지 못한다. A 씨는 빨리 죽기를 간절히 소망하며 오늘 점심부터 음식을 거부하고 있다.

① 정의의 원칙 ② 선행의 원칙
③ 악행 금지의 원칙 ④ 자율성 존중의 원칙
⑤ 무해성의 원칙

30 방사선 검사로 확인할 수 있는 근골격계 질환이 아닌 것은?

① 탈구 ② 골절
③ 뼈의 변형 ④ 회전근개 파열
⑤ 관절면의 골극

31 관상동맥질환의 위험요인에 해당하지 않는 것은?

① 노령
② 저체중
③ 조기폐경
④ 가족력
⑤ 고콜레스테롤혈증

32 신체검사 결과 이상이 없는 신체증상장애 환자가 부정맥 증상을 호소하는 경우 해야 하는 간호중재로 적절한 것은?

① 환자의 신체증상을 수용해준다.
② 자살 예방에 중점을 둔다.
③ 심전도 검사를 진행한다.
④ 베타차단제를 투약한다.
⑤ 사람 많은 곳에 방문하는 것을 피하도록 교육한다.

33 수혈 시 환자에게서 두드러기나 천식 증상과 같은 알레르기 반응이 발생하면 시행하는 간호중재로 옳은 것은?

① 투석 시행
② 식염수 정맥 주입
③ 항생제 투여
④ 항히스타민제 투여
⑤ 백혈구 제거 혈액제제 투여

34 뇌졸중 환자 치료를 위한 약물 요법에 대한 설명으로 적절한 것은?

① Tissue Plasminogen Activator : 증상 발현 후 24시간 후 치료를 개시하면 예후가 좋다.
② Heparin : 혈뇨, 잠혈 등 출혈에 주의하여 사용한다.
③ Aspirin : 증상 발현되는 즉시 투여한다.
④ Phenobarbital : 혈전성 뇌졸중 증상 완화를 위해 사용된다.
⑤ Statin : 두개내압을 감소시킨다.

35 베체트병의 증상으로 옳지 않은 것은?

① 외음부 궤양
② 호중구 감소
③ 포도막염
④ 재발성 구강 아프타성 궤양
⑤ 관절염

36 환자가 자신은 남들에게 없는 특별한 재능을 가지고 있으며 이 때문에 정부가 자신에게 큰 임무를 맡겼다고 주장한다. 환자가 보이는 망상 증상으로 옳은 것은?

① 피해망상
② 관계망상
③ 과대망상
④ 조정망상
⑤ 색정망상

37 수술 후 환자에게 5D/W 1L를 9시간 동안 정맥 투여를 처방받았다. 1ml에 15방울인 정맥 수액기로 정확히 투여하기 위한 올바른 수액 주입 속도는 얼마인가?

① 15gtt/min
② 20gtt/min
③ 34.2gtt/min
④ 27.75gtt/min
⑤ 50gtt/min

38 기획의 원칙에 대한 설명으로 옳은 것은?

① 간결성의 원칙 : 목표와 계획이 조화로운 균형을 유지하도록 수립한다.
② 탄력성의 원칙 : 환경의 변화에 따라서 수정할 수 있도록 목표와 계획을 융통성 있게 수립한다.
③ 균형성의 원칙 : 목표와 계획은 이해하기 쉬운 용어를 사용하여 간결하고 명료하게 표현한다.
④ 계층화의 원칙 : 작은 단위부터 큰 목표로 구체화 과정을 통해 연차적으로 계획을 파생한다.
⑤ 장래예측의 원칙 : 기획에 소요되는 자원을 활용하는 데 최소의 비용으로 최대의 효과를 달성하도록 한다.

39 파킨슨병이 있는 환자에 대한 설명으로 적절한 것은?

① 혈액 검사 시 아세틸콜린 수용체의 항체가 증가한다.
② 전신에 힘이 없이 축 늘어진다.
③ 보폭이 좁고 종종걸음으로 걷는다.
④ 골격근이 약화되지만 휴식을 취하면 회복된다.
⑤ 늑골 근육과 횡격막이 약화되면서 폐활량이 감소한다.

40 추간판탈출증 수술환자 간호 시 주의사항으로 옳은 것은?

① 일주일 이상 침상안정을 취하도록 한다.
② 근육 강화를 위해 장기간 서있는 연습을 한다.
③ Williams 체위를 유지한다.
④ 침상머리는 90°를 유지해야 한다.
⑤ 통증 완화를 위해 푹신한 침요를 사용한다.

41 인슐린 2단위(unit)를 주려면 몇 cc를 주입해야 하는가? [단, 1vial은 1,000unit(10ml)이다.]

① 1cc
② 0.02cc
③ 0.5cc
④ 0.78cc
⑤ 1.23cc

42 페니실린 처방이 내려진 환자에게 주사를 놓는 방법으로 올바른 것은?

① 주사 후에 주사 부위를 문질러서 약물이 잘 스며들게 한다.
② 약물을 주입할 때 계속 피부를 잡아 당겨준다.
③ 주사 부위보다 15 ~ 20cm 위에 지혈대를 묶고 주사한다.
④ 다른 손으로 정맥을 고정시킨 후 30 ~ 45° 각도로 삽입한다.
⑤ 약물을 서서히 주입하고 바늘을 천천히 제거한다.

43 채식주의자에게서 악성 빈혈이 발생하는 이유로 옳은 것은?

① 철분 결핍
② 비타민 B12 결핍
③ 적혈구 조기 파괴
④ 적혈구 수의 부족
⑤ 성장호르몬 결핍

44 골다공증 환자의 간호중재로 옳지 않은 것은?

① 칼슘과 비타민 D를 투여한다.
② 주 3회 이상 걷기운동을 교육한다.
③ tetracycline을 투여한다.
④ 골절을 방지하기 위해 낙상예방 교육을 한다.
⑤ 척추에 부담을 주는 운동은 제한한다.

45 고관절 전치환술 후 취할 수 있는 자세로 옳은 것은?

① 낮은 의자에 앉는 자세
② 베개를 다리에 끼운 자세
③ 다리 꼬고 앉는 자세
④ 높은 발 받침대에 다리를 올리고 앉는 자세
⑤ 몸을 90° 이상 숙이고 의자에 앉는 자세

46 다음 관장에 대한 설명으로 옳은 것은?

① 고장성 식염수의 사용량은 500ml 이상이다.
② 비눗물 관장으로 장내에 가스를 배출시킬 수 있다.
③ 심부전 환자의 경우 수돗물로 하는 저장성 관장은 금기이다.
④ 윤활제나 글리세린을 장 내에 주입하여 구충을 한다.
⑤ 장폐색 환자는 생리식염수 관장을 사용한다.

47 수혈을 받던 환자에게 발열, 빈맥, 두통, 저혈압, 청색증 등의 증상이 나타났을 때 우선적 조치로 옳은 것은?

① 해열제를 투여한다.
② 혈액 주입 속도를 늦추며 반응을 확인한다.
③ 이뇨제를 투여한다.
④ 생리식염수를 정맥에 주입한다.
⑤ 즉시 수혈을 중단한다.

48 크론병에 대한 설명으로 옳은 것은?

① 결장 전체 부위와 대장의 점막과 점막하에서만 분포한다.
② 출혈을 동반한 설사가 특징적이다.
③ 오심과 구토와 함께 체중감소 증상이 흔하게 나타난다.
④ 식사를 하고 나면 증상이 완화된다.
⑤ 합병증으로 직장암 발생 위험이 증가한다.

49 담낭조영술 검사의 간호로 옳지 않은 것은?

① 검사 전날 금식이 필요하다.
② 요오드 알러지 반응을 확인한다.
③ 검사 후에 일시적으로 배뇨통이 있음을 알린다.
④ 검사 후 최소 2시간 정도 누워있어야 한다.
⑤ 검사 전날 밤 조영제 6 ~ 8정을 복용해야 한다.

50 비위관 위치 확인하는 방법으로 옳지 않은 것은?

① 튜브 끝에 주사기로 위액을 흡인하여 황갈색이면 위장으로 추정한다.
② 튜브에 공기를 주입하면서 복부를 청진했을 때 공기소리가 들리면 위장에 있는 것이다.
③ 흡인된 액체의 산도가 pH 7이면 위에 있는 것이다.
④ 방사선 영상으로 정확한 위치를 파악한다.
⑤ 튜브 끝을 물에 넣고 호흡 시 기포가 발생하는지 확인한다.

51 다음 호흡기계에 대한 설명으로 옳지 않은 것은?

① 폐포 대식세포는 폐포의 허탈을 예방한다.
② 1형 폐포세포는 폐포 내외로 가스 이동을 돕는다.
③ 2형 폐포세포는 계면활성제를 분비한다.
④ 심장에서 탈산소화가 된 혈액이 폐동맥이나 폐세동맥을 통해 폐로 이동한다.
⑤ 산소화된 혈액은 폐정맥이나 폐세정맥을 통해 심장으로 이동한다.

52 다음 〈보기〉에서 직원들 간의 인화를 유지하기 위해 서로 간에 지켜야 할 사항으로 옳은 것은?

―― 보기 ――
㉠ 직원의 잘못을 견책하고 시정할 때 상대방에게 굴욕감을 주지 않도록 한다.
㉡ 상대방의 단점이 보일 때 단점을 분석·비판함으로써 교정할 수 있도록 해야 한다.
㉢ 직원이 어려움을 당할 때 성심껏 도와주고 관심을 표시한다.
㉣ 업무에 대한 도움 요청이 있을 때에는 일단 겸손하게 사양한다.

① ㉠㉡
② ㉠㉢
③ ㉡㉣
④ ㉢㉣
⑤ ㉡㉢

53 다음 〈보기〉의 증상에 관한 알맞은 질환은?

―― 보기 ――
치킨집을 운영하는 55세 A 씨는 경기침체로 인해 가게 매출이 떨어지자 자신이 일주일 모두 가게에 나와 일을 하였다. 쌓이는 스트레스를 하루 담배 한 갑 이상, 주 2회 이상의 음주로 해소하던 어느 날, 계단을 오르던 중 호흡곤란과 함께 가슴을 쥐어짜는 듯한 통증을 느꼈다. 흉통은 30분이 넘게 지속되었으며 통증은 심해졌다. 마침 지나가던 행인이 식은땀과 함께 구토 증상을 보이는 A 씨를 발견하여 응급실로 이송되었다.

① 심근경색증
② 협심증
③ 부정맥
④ 심부전증
⑤ 대동맥박리증

54 경구 투약 대상자에게 제공하는 간호로 옳지 않은 것은?

① Digitalis 제제를 투여 전 맥박수가 60회/min 미만이면 투약을 하지 않고 의사에게 보고한다.
② 모르핀 투약 전에 호흡수를 사정한다.
③ 구강 수술한 환자에게는 경구 투약을 금지한다.
④ 불쾌한 맛의 약은 미각 둔화를 위해 투약 전 얼음 조각을 제공한다.
⑤ 염산제제는 치아를 착색시키므로 빨대로 복용시킨다.

55 「감염병의 예방 및 관리에 관한 법률」에 따른 필수예방접종을 모두 고른 것은?

―――――――――― 보기 ――――――――――
㉠ 디프테리아
㉡ 백일해
㉢ 일본 뇌염
㉣ 대상포진
㉤ 그룹 A형 로타바이러스 감염증
㉥ 수막구균

① ㉠㉡㉢㉣ ② ㉠㉡㉢㉤
③ ㉡㉢㉤㉥ ④ ㉡㉣㉤㉥
⑤ ㉢㉣㉤㉥

56 GERD의 악화 요인에 해당하지 않은 것은?

① 흡연 ② 음주
③ 카페인 ④ 고지방 식이
⑤ 부교감신경 자극제

57 다음 〈보기〉는 동맥혈가스분석(ABGA) 검사결과이다. 환자에게 가장 먼저 해야 하는 간호중재는?

---- 보기 ----
- pH 7.2
- PaCO₂ 65mmHg
- PO₂ 90mmHg
- HCO₃⁻ 25mEq/L

① 마약성 진통제를 투여한다.
② 이뇨제를 투여한다.
③ 중탄산 이온을 투여한다.
④ 인공호흡기를 적용한다.
⑤ 전해질 결핍을 보충한다.

58 종양 표지자를 통해 발견할 수 있는 질환을 바르게 연결한 것은?

① 알파-태아단백질 : 간암
② CA 15-3 : 위암
③ CA 27-29 : 백혈병
④ 전립선산인산효소 : 난소암
⑤ CA 125 : 심부전

59 다음 〈보기〉의 증상으로 예상할 수 있는 질환은?

---- 보기 ----
머리에 강한 충격을 받고 순간적으로 의식소실로 응급실에 환자가 도착했다. 환자에게서는 병변은 발견되지 않았지만 사고에 대한 기억상실이 나타나고 있다.

① 뇌염
② 다발경화증
③ 뇌졸중
④ 뇌좌상
⑤ 뇌진탕

60 류마티스 관절염을 앓고 있는 환자가 아침에 일어나면 한 시간 이상 허리가 뻣뻣하고 손이 아프다고 호소한다. 이때 적절한 간호중재로 옳은 것은?

① 혈액검사를 실시한다.
② 아픈 부위에 냉찜질을 시행한다.
③ 수분을 공급한다.
④ 더운물 목욕을 권장한다.
⑤ 등척성 운동을 시행한다.

제 04 회 기출유형 모의고사

1 다음 〈보기〉에서 욕창의 내재요인을 모두 고른 것은?

― 보기 ―
㉠ 요실금
㉡ 압력
㉢ 저단백혈증
㉣ 고령
㉤ 마찰력

① ㉠㉡
② ㉡㉤
③ ㉠㉢㉣
④ ㉡㉣㉤
⑤ ㉣㉤

2 혈전증 및 색전증의 치료제로 사용되는 Heparin에 대한 설명으로 옳지 않은 것은?

① aPTT를 주기적으로 확인한다.
② 출혈이 발생할 수 있다.
③ AntithrombinⅢ의 항응고 작용을 촉진한다.
④ 혈소판 감소증이 나타날 수 있다.
⑤ 임신 중에는 사용을 제한한다.

	제한시간 60분	풀이종료시간 : [ ] – [ ] 풀이소요시간 : [ ]분 [ ]초

3 다음 〈보기〉 중 지주막하출혈(SAH)의 예방을 위한 간호교육으로 알맞은 것을 모두 고른 것은?

― 보기 ―
㉠ 고혈압 관리를 위한 건강 교육
㉡ 중독성 약물에 대한 교육
㉢ 항혈소판 제제 복용 방법에 대한 교육
㉣ 동맥류의 파열 후 재출혈 예방 관리

① ㉠
② ㉠㉡
③ ㉠㉡㉢
④ ㉠㉡㉣
⑤ ㉡㉢㉣

4 환자의 호흡 사정 시 들을 수 있는 정상호흡음은?

① 나음
② 수포음
③ 천명음
④ 늑막 마찰음
⑤ 세기관지 폐포음

5 저나트륨혈증(Hyponatremia) 증상으로 옳지 않은 것은?

① 호흡곤란
② 구토
③ 복부경련
④ 갈증
⑤ 수포음

6 한국간호사 윤리지침에서 대상자에 대한 윤리에 해당하는 것은?

① 윤리적 간호제공 ② 간호표준 준수
③ 인권 존중 ④ 평등한 간호제공
⑤ 간호사의 자기개발

7 제5뇌신경을 검진하는 방법으로 옳은 것은?

① 레몬, 소금으로 미각을 평가한다.
② 각막에 면봉이 닿았을 때 눈물이 흐르는지 검사한다.
③ Rinne 검사와 Weber 검사를 진행한다.
④ 말을 하게 한다.
⑤ "아" 소리를 내거나 하품을 시킨다.

8 다음 〈보기〉에 해당하는 간호사의 법적 의무는?

---- 보기 ----
간호사는 거동이 불편한 노인 환자 간호 후 침상 난간에 올리지 않은 채 병실을 나갔다. 환자는 혼자 일어나려다가 낙상을 하여 골절상을 입었다.

① 확인 의무 ② 진료요청에 응할 의무
③ 설명 및 동의의 의무 ④ 비밀유지 의무
⑤ 주의 의무

9 유방절제술 실시한 환자에게 수술 후 간호로 옳지 않은 것은?

① 수술한 부위의 팔은 부동자세를 유지하도록 한다.
② 4시간마다 호흡운동을 실시하도록 한다.
③ 고무공을 손에 쥐고 주무르는 운동을 한다.
④ 수술 후 4 ~ 6주간 써지브라 착용을 교육한다.
⑤ 자가통증조절기를 사용한다.

10 낙상을 예방방법으로 적절하지 않은 것은?

① 항상 침상 난간을 올려둔다.
② 미끄럼 방지 신발을 신는다.
③ 주변 환경을 정리하고 위험요인을 제거한다.
④ 침대의 높이를 높여주고 침상안정을 취하게 한다.
⑤ 근력과 균형기능 향상운동을 격려한다.

11 신경전달물질 중 하나로 분비량이 감소하면 치매 발생 위험이 늘어나는 생성물질은?

① Acetycholine
② Dopamine
③ GABA
④ Histamine
⑤ Serotonin

12 간호관리의 체계모형에서 다음 〈보기〉의 내용을 포함하는 것은?

보기

- 환자 만족도
- 응급실 재방문율
- 환자의 욕창 발생률
---

① 조정
② 투입
③ 변환 과정
④ 산출
⑤ 환류

13 0.45% N/S 1L를 20gtt/min으로 주입 중일 때 1방울 점적 시 소요되는 시간은?

① 1초
② 2초
③ 3초
④ 4초
⑤ 5초

14 쿠싱증후군의 원인으로 옳지 않은 것은?

① 외인성 스테로이드
② ACTH의 생산 증가
③ 글루코코르티코스테로이드 과잉 생산
④ 부신피질 자가면역손상
⑤ 종양

15 팔에 석고붕대를 한 환자에게 빈번하게 나타나는 위축의 형태는?

① 노인성 위축
② 탈신경성 위축
③ 압박 위축
④ 불활동성 위축
⑤ 내분비선 위축

16 다음 〈보기〉에서 설명하는 환자의 권리는?

---- 보기 ----
- 의료진은 환자에게 특정 의료 행위를 하기 전에 설명과 동의를 구해야 한다.
- 환자는 의료진에게 질병 상태, 치료 방법, 예상 결과 및 진료 비용 등에 관하여 질문할 수 있다.

① 진료를 받을 권리
② 비밀을 보호받을 권리
③ 알 권리 및 자기결정권
④ 상담 · 조정을 신청할 권리
⑤ 인간의 존엄성을 유지할 권리

17 방광염 간호중재로 가장 적절한 것은?

① 잦은 질 세척 권장
② 비타민 A 섭취 증가
③ 침상안정
④ 수분섭취 권장
⑤ 지속적인 유치도뇨관 적용

18 갱년기 여성의 신체변화에 대한 설명으로 옳지 않은 것은?

① 자율신경계 실조로 열감, 야간발한, 심계항진이 나타난다.
② 관상동맥질환이나 동맥경화증의 발생위험이 높아진다.
③ 질상피가 두꺼워지고 질의 윤활성, 탄력성이 증가한다.
④ 에스트로겐의 저하로 피부의 교원질 양이 감소한다.
⑤ 골밀도 저하로 골다공증 발생위험이 증가한다.

19 요로결석 환자가 칼슘석이 생긴 경우에 해야 하는 간호로 적절한 것은?

① 고강도 운동 격려　　② 달걀, 콩 섭취 권장
③ 저칼슘식이　　　　　④ Thiazide 이뇨제 투약
⑤ 비타민 D 섭취

20 당뇨의 발병요인으로 옳지 않은 것은?

① 임신　　　　　　　　② 코르티코스테로이드 치료
③ 비만　　　　　　　　④ HLA 염색체 유전성
⑤ 고칼슘혈증

21 「감염병의 예방 및 관리에 관한 법률」상 제2급감염병에 해당하지 않는 것은?

① 장티푸스
② 카바페넴내성장내세균목(CRE) 감염증
③ B형간염
④ E형간염
⑤ b형헤모필루스인플루엔자

22 다음 〈보기〉의 빈칸에 알맞게 들어간 것은?

―――――――――― 보기 ――――――――――
1g = (㉠)mg = (㉡)mcg

	㉠	㉡
①	1,000	1,000,000
②	1,000	10,000
③	10,000	1,000,000
④	10,000	1,000
⑤	1,000	1,000

23 역격리 중인 환자에 대한 설명으로 옳지 않은 것은?

① 개인 화장실을 이용한다.
② 입원실을 음압으로 유지한다.
③ 사용하는 물건은 멸균상태로 유지한다.
④ 방문을 닫아 외부 공기 유입을 막는다.
⑤ 내과적 무균법을 실시한다.

24 수두에 발병하여 수포가 나타난 대상자의 간호중재로 적절한 것은?

① 상처부위 목욕 제한
② 병원이나 가정에 격리
③ 아스피린 투약
④ 산책 격려
⑤ 비타민 C 제한

25 「감염병의 예방 및 관리에 관한 법령」상 역학조사에 포함되어야 하는 내용이 아닌 것은?

① 감염병 의심자의 인적 사항
② 역학조사관 인적 사항
③ 감염병의 감염원인
④ 예방접종기관
⑤ 감염병 환자에 관한 진료기록

26 소화성 궤양의 재발 방지를 위한 간호중재로 옳지 않은 것은?

① 치료약물로는 히스타민 수용체 길항제, 프로톤펌프억제제가 있다.
② 공복 시 통증에는 우유와 물을 마시도록 권장한다.
③ 식사는 규칙적으로 조금씩 자주 먹도록 한다.
④ 신체적·정신적 휴식을 제공하고 스트레스를 줄이도록 한다.
⑤ 흡연은 H.pyori 균의 약물 치료를 방해하므로 금연하도록 한다.

27 표피와 진피를 포함한 부분적인 피부 손상이 나타나며 삼출물이 있는 욕창 환자가 입원했다. 얕은 궤양과 수포가 보이는 환자에게 적절한 상처드레싱은 무엇인가?

① 거즈(Gauze)
② 하이드로콜로이드(Hydrocolloids)
③ 투명필름드레싱(Transparent film)
④ 하이드로겔(Hydro gels)
⑤ 폴리우레탄 폼(Polyurethane foams)

28 다음 〈보기〉에서 투약 시 옳은 것을 모두 고른 것은?

───────────── 보기 ─────────────
㉠ 인슐린 주사할 때 관절 부위를 피하고 피하조직에 주사한다.
㉡ 혈압강하제 투약 전에 혈압을 측정한다.
㉢ 투베르쿨린 반응검사는 근육주사를 이용한다.
㉣ 연하곤란 환자는 피하주사 투약이 가능하다.
㉤ 정맥주사는 적은 용량을 투여할 때 사용한다.

① ㉠　　　　　　　　　　② ㉡㉤
③ ㉢㉣㉤　　　　　　　　④ ㉠㉡㉣
⑤ ㉢㉣㉤

29 폐기종 환자에게서 〈보기〉와 같은 증상이 나타난 경우 예상되는 합병증은?

───────────── 보기 ─────────────
• 호흡곤란
• 경정맥 팽대
• 사지 요흔성 부종

① 우심부전　　　　　　　② 빈혈
③ 기흉　　　　　　　　　④ 무기폐
⑤ 급성 기관지염

30 흡인간호 과정에 대한 설명으로 옳은 것은?

① 5분 이상 흡인을 진행한다.
② 아동의 적정 흡인압력은 100~140mmHg이다.
③ 흡인시간이 10~15초 이상 되지 않도록 신속하게 진행한다.
④ 기도에서 흡인한 분비물은 진단목적으로 사용하지 않는다.
⑤ 매일 하루 5회 이상 흡인을 시행한다.

31 혈액 내에 요산의 농도가 증가하면서 요산염이 연골, 힘줄, 주위 조직까지 침착되어 급성으로 발병하는 이 질환에 대한 간호중재로 옳은 것은?

① NSAIDs를 사용한다.
② 인공관절치환술로 교정한다.
③ 등척성 운동을 한다.
④ 고용량 비타민 D를 복용한다.
⑤ 방사선치료를 시행한다.

32 무릎을 굴곡 시켜 진찰대 끝에 둔부가 닿도록 하는 자세로 부인과 진료에 사용되는 자세로 적절한 것은?

① 쇄석위
② 앙와위
③ 심스위
④ 잭나이프
⑤ 파울러씨

33 포괄수가제에 관한 설명으로 옳지 않은 것은?

① 환자의 질병에 따라서 미리 책정된 일정액의 진료비를 지급하는 제도이다.
② 과잉진료와 의료서비스의 오남용을 억제할 수 있다.
③ 비용을 줄이기 위하여 의료의 질적 수준이 저하될 수 있다.
④ 경구 투약, 주사, 흡인, 단순 드레싱 등의 행위가 수가로 산정된다.
⑤ 질환군에 따른 간호를 표준화 할 수 있다.

34 비위관을 삽입하는 환자에게 하는 간호중재로 옳은 것은?

① 레빈튜브를 사용한다.
② 흡인된 액체가 pH 1이면 지체 없이 튜브를 제거한다.
③ 6주 이상 장기 영양을 받아야 하는 환자에게 적용한다.
④ 흡인 위험성이 높다면 직경이 큰 비위관을 사용한다.
⑤ 비위관 제거 직전에 편안하게 호흡을 하게 한다.

35 미숙아에게 위관영양을 수행할 시 주의해야 할 점으로 옳은 것은?

① 미라 억제를 하지 않는다.
② 40℃로 데운 우유를 주입한다.
③ 공기와 함께 지속적으로 주입한다.
④ 주입 후 멸균된 물을 통과시킨다.
⑤ 삽입 길이는 코끝에서 흉부까지 측정한다.

36 다음 〈보기〉에서 수술 전 간호 준비로 옳은 것을 모두 고른 것은?

― 보기 ―
㉠ 아스피린을 수술 7 ~ 14일 전부터 중단한다.
㉡ 위장문제 예방을 위해 수술 2 ~ 3시간 전부터 금식을 유지한다.
㉢ 심장약은 수술 2시간 전에 소량의 물과 복용한다.
㉣ Phenytoin(Dilantin) 투여를 중단한다.
㉤ 감염 예방을 위해 삭모를 시행한다.

① ㉠ ② ㉡㉢
③ ㉢㉤ ④ ㉠㉡㉣
⑤ ㉠㉢㉤

37 골다공증을 진단받은 여성 환자가 손가락을 편 상태로 바닥을 짚으며 넘어질 경우, 요골 부위에 발생하는 골절은?

① Pott 골절
② Cotton's 골절
③ 분쇄골절
④ 복합골절
⑤ Colles 골절

38 심박동을 천천히 강하게 하는 약물로 심근의 수축력 증가, 심박동수 감소, 심박출량 증가와 이뇨작용을 촉진하는 심부전 치료 약물은?

① aldosterone antagonist
② vasohypotonic
③ beta blocker
④ ACEI
⑤ digitalis

39 체중에 집착하지 않고, 배가 고프지 않아도 과다한 식사를 하며, 우울한 사고가 두드러지는 섭식 장애로 옳은 것은?

① 이식증
② 반추 장애
③ 폭식 장애
④ 신경성 폭식증
⑤ 신경성 식욕 부진

40 편도절제술(Tonsilectomy) 간호교육에 대한 설명으로 옳은 것은?

① 물이나 음료를 마실 경우 빨대를 사용을 권장한다.
② 진통제가 필요할 경우 Aspirin을 처방한다.
③ 가능한 수분 섭취를 자주 하도록 안내한다.
④ 가래가 생기면 바로 뱉는 것이 좋다.
⑤ 차가운 음료보다는 따뜻한 음료를 마시도록 한다.

41 만성 부비동염 수술 후 환자의 간호중재로 옳은 것은?

① 수분 제한
② 온습포 적용
③ 45°로 상체 올리기
④ 심호흡, 기침 격려
⑤ 아침에 분비물 배액하기

42 아나필락시스 반응에 관여하는 면역체는?

① IgA
② IgE
③ IgG
④ IgM
⑤ 항원항체 복합체

43 백내장 환자의 수술 후 간호로 옳은 것은?

① 수면 중에는 안대 착용을 하지 않는다.
② 햇빛을 받으면서 산책을 하는 것을 교육한다.
③ 변 완화제를 투여하여 몸에 힘을 주지 않게 한다.
④ 수시로 안구 마사지를 해준다.
⑤ 수술 부위 방향으로 눕힌다.

44 임부의 철분 결핍성 빈혈 간호로 적절한 것은?

① 엽산을 투여한다.
② 산소를 공급한다.
③ 우유 섭취를 제한한다.
④ 침상안정을 취한다.
⑤ 당 섭취를 제한한다.

45 다음 〈보기〉에 해당하는 도나베디안(Donabedian)의 질 평가 접근법은?

───── 보기 ─────
의료기간 인증평가 중 평가단원이 환자와 보호자에게 '입원 시 환자 권리와 책임에 대해 설명을 들으셨습니까?', '어떤 방법으로 설명을 들었습니까?', '직원에게 직접 들으셨습니까? 아니면 안내문을 받으셨습니까?' 라고 질문하였다.

① 구조적 접근법
② 과정적 접근법
③ 임의적 접근법
④ 지속적 접근법
⑤ 결과적 접근법

46 다음 질환별로 전파경로를 바르게 연결한 것은?

① 홍역 : 간접 접촉
② 풍진 : 공기전파
③ 디프테리아 : 비말전파
④ 백일해 : 공기전파
⑤ 소아마비 : 간접 전파

47 간호단위 환경관리에 대한 설명으로 옳은 것은?

① 적절한 냉·난방 시설이 필요하며 습도는 10 ~ 20 %가 적절하다.
② 병실의 벽은 어두운 색으로 한다.
③ 환자병실의 소음은 대화가 가능한 60dB 이상으로 유지한다.
④ 조명은 자연채광이 되도록 노력해야 하지만 강한 햇빛을 가릴 수 있는 커튼이나 블라인드를 설치한다.
⑤ 중환자실이나 수술실, 결핵 병동은 창문을 자주 열어 환기시킨다.

48 DDST(Denver Developmental Screening Test) 영역으로 옳지 않은 것은?

① 체중
② 언어발달
③ 전체운동 발달
④ 미세운동 및 적응
⑤ 개인 사회성 발달

49 자극에 대한 반응이 느리며, 질문이나 통각 자극에 반응은 하지만 외부자극이 없으면 눈을 감고 행동이 줄어드는 이 환자의 의식수준으로 적절한 것은?

① 혼수
② 반혼수
③ 혼미
④ 기면
⑤ 명료

50 메니에르 병의 증상 및 간호에 대한 설명으로 옳지 않은 것은?

① 이뇨제로 부종을 조절한다.
② 양측성 청력 손실이 올 수 있음을 설명한다.
③ 커피와 차 섭취를 삼간다.
④ 갑작스러운 현훈 시 편평한 바닥에 누워 증상이 사라질 때까지 눈을 감고 있도록 한다.
⑤ 증상 완화를 위하여 저염식이를 권장한다.

51 Levodopa 제제의 약물을 복용하는 파킨슨 병 환자에게 하는 교육 사항으로 옳은 것은?

① "고단백 식이를 권장합니다."
② "안정제나 비타민 B6과 함께 복용하셔도 됩니다."
③ "사우나는 이용하셔도 됩니다."
④ "공복에 복용하나, 오심이 있을 경우 음식물과 복용하셔도 됩니다."
⑤ "고혈압의 위험이 있으니 체위 변경은 서서히 진행해주세요."

52 고열 환자에게 해야 할 올바른 간호중재는?

① 코코아를 제공한다.
② 방 안을 따뜻하게 하여 체온과 일치하도록 한다.
③ 차가운 물로 목욕을 시킨다.
④ 수분을 섭취하게 한다.
⑤ 따뜻한 물주머니로 혈액순환을 돕는다.

53 다음 중 암 환자 화학요법(Chemotherapy)의 적응증으로 옳지 않은 것은?

① 종양 제거가 어려울 때
② 전이로 인한 예측할 수 없는 종양의 위험이 높을 때
③ 방사선 요법에 효과가 없을 때
④ 수술 후 재발이 예측될 때
⑤ 종양이 퍼져 있을 때

54 HIV 치료제로 옳지 않은 것은?

① H2 수용체 차단제(H2 blocker)
② 뉴클레오사이드 역전사효소 억제제(NRTIs)
③ 비뉴클레오사이드 역전사효소 억제제(NNRTIs)
④ 단백분해효소 억제제(PIs)
⑤ 통합 효소 저해제(INSTIs)

55 당뇨병 환자의 발 간호를 위한 교육으로 옳은 것은?

① 발가락 사이사이 꼼꼼하게 로션을 바른다.
② 청결을 위해 발톱을 동그랗게 자른다.
③ 딱 맞는 신발을 신어 발을 편하게 해준다.
④ 따뜻한 물로 씻는다.
⑤ 무거운 이불을 덮어 하지를 따뜻하게 한다.

56 다음 중 폐활량에 해당하지 않는 것은?

① 잔기량
② 흡기용량
③ 흡기예비용량
④ 호기예비용량
⑤ 1회 호흡량

57 절박유산 시 간호중재로 옳은 것은?

① 항생제를 투여한다.
② 침상안정을 취한다.
③ 외과적 교정이 필요하다.
④ 출혈대비를 위해 수혈을 준비한다.
⑤ 무산소 운동을 권유한다.

58 의료의 질(Quality)을 구성하는 요소에 대한 설명으로 옳은 것은?

① 접근성 : 6시간 걸리던 병원 방문시간을 원격진료를 통하여 단축하였다.
② 효율성 : 의료자원의 분배는 공정성에 입각하여 지역별 균형을 맞추었다.
③ 지속성 : 입원환자 1인당 간호 서비스 투입 비용을 전년대비 10% 감소시켰다.
④ 형평성 : 환자를 전원하면서 의료정보를 공유하여 환자에게 제공되는 진료와 간호를 일관성 있게 하였다.
⑤ 이용자 만족도 : 환자에게 필요한 서비스를 제공할 수 있는 여건이 늘어났다.

59 양성 종양의 특징으로 옳은 것은?

① 성장하는 속도가 빠르다.
② 주위 조직에 침윤하면서 성장한다.
③ 수술 후 재발 가능성이 높다.
④ 세포가 미성숙하다.
⑤ 주위 원조직과 동일한 양상을 보인다.

60 부갑상샘기능항진증에 대한 설명으로 옳지 않은 것은?

① 혈중 칼슘 농도의 저하로 감각 이상, 테타니, 경련이 발생할 수 있다.
② 뼈의 파괴, 신장과 위장에서의 칼슘 흡수가 증가하며 혈청 인산이 감소한다.
③ 원발성 부갑상샘기능항진증은 부갑상샘 호르몬(PTH)이 과다 생성될 때 발생한다.
④ 이차성 부갑상샘기능항진증은 비타민 D 결핍 또는 만성신부전에서 발생한다.
⑤ 골절, 결석으로 인한 옆구리 통증, 심한 복통, 심부전 등의 합병증이 발생한다.

제 05 회 기출유형 모의고사

1 병원 감염 관리 방법으로 옳은 것은?

① 공기주의가 필요한 환자가 퇴원하면 바로 들어가서 청소를 끝내야 한다.
② 응급실 소아 환자의 보호자 수는 제한하지 않는다.
③ 코호트 격리 중인 VRE 감염 환자들의 활력징후 측정할 때마다 장갑을 교체한다.
④ 격리된 콜레라 환자에게 사용한 가운을 병실 앞 복도에 비치된 일반의료폐기물 박스에 버린다.
⑤ 격리된 세균성 이질 환자에게 사용한 수액세트를 일반의료폐기물 박스에 버린다.

2 수술 후 환자에게 〈보기〉와 같은 증상이 관찰될 때 간호사가 예측할 수 있는 합병증은?

―――――――――― 보기 ――――――――――
- 빈맥
- 혈압 저하
- 대상자의 소변량 감소

① 저혈량 ② 장폐색
③ 무기폐 ④ 상처 감염
⑤ 요로 감염

3 백혈병 환자 간호로 적절하지 않은 것은?

① 아스피린이 포함된 약물을 사용하지 않는다.
② 무균식 음식 섭취를 하고 생과일은 제한한다.
③ 좌약을 삽입하는 침습적 처치는 금한다.
④ 발열 시 수분 섭취를 권장한다.
⑤ 출혈 예방을 위해 구강 간호를 시행하지 않는다.

제한시간 60분

풀이종료시간 : [ ] - [ ]
풀이소요시간 : [ ]분 [ ]초

4 임신 37주 이후에 나타난 조기파막에 대한 설명으로 옳은 것은?

① 니트라진 검사에서 노란색이 나온다.
② 다산부보다 초산부에게 흔하게 나타난다.
③ 옥시토신을 투여하고 유도분만을 한다.
④ 복부 촉진을 할 때 태아가 촉진되지 않는다.
⑤ 자궁크기가 증가한다.

5 세포외액량이 결핍될 때 나타나는 증상으로 옳은 것은?

① 호흡곤란
② 청색증
③ 혈압 상승
④ 핍뇨
⑤ 체중 증가

6 다음 중 탄수화물 유형에 해당하는 것은?

① 글리코겐
② 포화지방산
③ 칼슘
④ 마그네슘
⑤ 티아민 B1

7 다음 중 간호정보체계의 목적에 관한 설명으로 옳지 않은 것은?

① 합리적인 인력관리로 업무능률을 증대시킨다.
② 직접 간호시간을 늘려 간호의 질을 향상시킨다.
③ 간호 정보를 다양하게 활용할 수 있다.
④ 간호기록 틀과 구조를 제공하여 정확한 간호기록을 할 수 있다.
⑤ 필요 인력의 수를 줄이면서 경영의 효율성을 이룬다.

8 체중이 50kg인 남성 환자에게 dobutamine 500mg을 5% DW 300ml에 mix해서 6mcg/kg/min으로 주입하려면 infusion pump에 몇 cc/hr로 설정해야 하는가?

① 10cc/hr
② 11.25cc/hr
③ 12.45cc/hr
④ 13cc/hr
⑤ 13.15cc/hr

9 보조호흡근을 사용하여 호흡하고 있는 천식 환자를 발견했을 때 시행할 수 있는 간호중재로 옳은 것은?

① 차가운 장소로 이동시킨다.
② 호흡을 편하게 할 수 있도록 복위자세를 취하게 한다.
③ 환자의 심리적 불안을 감소시키기 위해 대화를 나눈다.
④ Anticholinergics를 투여한다.
⑤ Aspirin을 투여한다.

10 노인 환자와 대화 시 주의해야 할 사항으로 옳은 것은?

① 높은 목소리로 빠르게 대화한다.
② 이해하기 수월하도록 대화를 최대한 길게 설명한다.
③ 설명을 반복하지 않는다.
④ 얼굴을 보며 이야기한다.
⑤ 이전에 있었던 일을 주제로 대화한다.

11 급성 신부전의 증상으로 옳지 않은 것은?

① 요 배설량이 1일 400ml 이하로 감소
② 급격한 체중 감소
③ 요독증
④ 고혈압 및 부종 발생
⑤ 혈청 내 크레아티닌 수치 상승

12 다음 〈보기〉에서 환자가 사용했던 주사바늘에 입은 자상으로 감염이 될 수 있는 질환을 모두 고르시오.

―――――――――――― 보기 ――――――――――――
　㉠ B형 간염　　　　　　　　㉡ 결핵
　㉢ C형 간염　　　　　　　　㉣ HIV
　㉤ 폴리오 바이러스　　　　　㉥ 파상풍

① ㉢　　　　　　　　　② ㉠㉥
③ ㉡㉤　　　　　　　　④ ㉠㉢㉣
⑤ ㉠㉡㉢

13 지역사회 사정 단계에서 2차 자료 수집방법으로 옳은 것은?

① 지역시찰　　　　　　② 참여관찰
③ 생정 통계　　　　　　④ 설문지 조사
⑤ 정보원 면담

14 자발적으로 호흡을 하지 못하는 환자에게 강제적으로 호흡을 하게 도와주는 인공호흡기 조절방식에 해당하는 것은?

① PEEP　　　　　　　② ACMV
③ IMV　　　　　　　　④ CPAP
⑤ CMV

15 심근경색 간호중재로 가장 적절한 것은?

① 산소를 투여하지 않는다.
② 샤워를 권장한다.
③ Warfarin을 투여한다.
④ 변 완화제를 투여한다.
⑤ 앙와위 자세를 취한다.

16 저칼륨혈증 증상으로 적절한 것은?

① 혈장 내 칼륨 농도 5.0mEq/L 이하
② ECG 검사에서 평평한 P파
③ 빈호흡
④ 빈맥
⑤ 체위성 저혈압

17 혈압을 하강시키는 원인으로 알맞은 것은?

① 연령 증가
② 교감신경 자극
③ 이뇨제
④ 말초혈관 수축
⑤ 신체 운동

18 다음 중 간호조직의 변화 과정에 대한 설명으로 옳은 것은?

① 해빙 단계는 변화의 욕구가 조직에 팽배하여 대안을 실행하는 단계이다.
② 해빙 단계는 변화의 필요성과 문제를 확인하고 목적과 목표를 정의한다.
③ 변화 단계는 변화의 필요성과 문제를 인식하고 변화의 동기를 갖는다.
④ 변화 단계는 개인의 인격에 변화를 통합하여 정착되고 지속되는 단계이다.
⑤ 재결빙 단계에서 실행 결과를 지속적으로 평가하여 통제하는 것이 필요하다.

19 햄, 소시지, 훈제연어 등의 식품을 매개로 발생할 수 있는 질환은?

① 보툴리누스중독증
② 대장균
③ 세균성 이질
④ 비브리오 패혈증
⑤ 살모넬라증

20 다음이 설명하는 질환으로 옳은 것은?

― 보기 ―
추위나 심리적 변화에 의해 말초동맥의 비정상적인 수축을 유발한다. 피부가 창백해지고 청색증 변화를 보이면서 통증, 손발 저림 등의 감각 변화가 동반된다.

① 레이노병
② 버거씨병
③ 베체트씨병
④ 정맥류
⑤ 패혈증

21 무의식 환자 구강간호에 대한 설명으로 적절한 것은?

① 과산화수소를 물과 3:1 비율로 시행한다.
② 시행하지 않는다.
③ 고개를 옆으로 돌려서 기도흡인을 예방하며 시행한다.
④ 하루 1회만 시행한다.
⑤ 구강간호가 끝나면 입술에 윤활제를 바른다.

22 다음 〈보기〉에 제시된 질환의 공통점으로 옳은 것은?

― 보기 ―
- 전신홍반루푸스
- 크론병
- 류마티스 관절염
- 다발성 경화증
- 갑상샘염

① 퇴행성 질환
② 내분비계 질환
③ 중추신경계 기능 이상
④ 염증성 질환
⑤ 자가면역성 질환

23 상처 치유 단계 중 증식기에서 관찰되는 반응으로 옳은 것은?

① 혈소판 활성화 ② 부종 및 발열 발생
③ 상피 재생 ④ 흉터 생성
⑤ 교원질 과다 형성

24 무의식 환자의 기관절개관이 갑자기 빠진 경우, 가장 먼저 시행되어야 할 간호로 옳은 것은?

① 가습기로 습도를 맞춰준다. ② 동맥혈가스검사를 즉시 시행한다.
③ AMBU-bag으로 산소를 공급한다. ④ 지혈겸자로 기관지공이 개방되도록 한다.
⑤ 구강과 비강을 통한 흡인을 시도한다.

25 병원에 화재 발생 시 먼저 대피시켜야 하는 환자는?

① 무의식 환자 ② 보조기구 착용 환자
③ 움직임 시 통증이 있는 환자 ④ 스스로 움직일 수 있는 환자
⑤ 움직이지 못하나 의식이 있는 환자

26 네겔법칙(Negele's rule)에 따라 마지막 월경일이 2025년 07월 21일인 여성의 분만예정일(EDC)은?

① 2026년 01월 30일 ② 2026년 02월 23일
③ 2026년 03월 17일 ④ 2026년 04월 21일
⑤ 2026년 04월 28일

27 간호기록 작성지침으로 옳지 않은 것은?

① 기록하기 전에 환자 이름을 구두로 다시 확인한다.
② 잘못 기록한 경우 수정액으로 지운 뒤 작성한다.
③ 상황이 나타난 시간을 명확하게 적는다.
④ 환자에게 제공한 간호내용을 기록한다.
⑤ 구체적인 용어를 사용하여 작성한다.

28 대상자가 목을 접었을 때 목이 뻣뻣해지고 아픔을 호소한다. 환자의 무릎을 90°를 이루도록 한 뒤 들면 무릎의 저항과 통증을 강하게 느끼고 있다. 이 환자에게 시행하는 간호로 적절하지 않은 것은?

① Ampicillin 항생제를 투여한다.
② 두통 완화 위해 Acetaminophen 약물을 투여한다.
③ 요추천자(Lumbar Puncture) 검사를 진행한다.
④ 스테로이드를 투여한다.
⑤ 방안을 밝게 유지하여 환경자극을 감소시킨다.

29 우울증 진단을 받은 환자에게 옳은 간호중재는?

① 혼자 감정을 정리하도록 한다.
② 적극적으로 접근하여 활동을 종용한다.
③ 동정심을 드러내어 환자를 위로한다.
④ 반응이 없더라도 옆에서 편안하게 대화를 한다.
⑤ 함께 우울한 모습을 보여 공감대를 형성한다.

30 신생아에게 우선적으로 선택되는 체온 측정 부위는?

① 구강
② 액와
③ 고막
④ 이마
⑤ 직장

31 호흡곤란을 호소하는 환자가 내원했다. 환자에게 빈호흡과 빈맥이 있고 폐에서는 천명음과 수포음이 청진될 때 적절하지 않은 간호는?

① 고농도 산소 공급
② digitalis 투여
③ 이뇨제 투여
④ 측위 취함
⑤ 모르핀 투여

32 다음 〈보기〉에서 베타용혈성 연쇄상구균 감염이 원인이 되어 발생하는 질환을 모두 고른 것은?

―― 보기 ――
㉠ 급성인두염
㉡ 성홍열
㉢ 봉와직염
㉣ 중이염
㉤ 부비동염
㉥ 대장균 감염

① ㉠㉡㉢　　　② ㉠㉢㉤
③ ㉡㉢㉥　　　④ ㉢㉣㉤
⑤ ㉣㉤㉥

33 Clostridium tetani에 의해서 발생하는 질병은?

① 디프테리아　　　② 콜레라
③ 파상풍　　　　　④ 탄저병
⑤ 신경독성반응

34 Carbamazepine의 부작용은?

① 정신착란
② 불완
③ 골수 억제
④ 섬망
⑤ 후각 상실

35 DVT에 대한 설명으로 옳지 않은 것은?

① 장기간의 부동, 심부전, 비만 등이 원인이다.
② 부종을 완화시키기 위하여 다리 마사지를 해준다.
③ 환자 간호 시 다리를 심장보다 높게 하여 부종을 완화시킨다.
④ 혈관 내부 손상을 예방하기 위하여 다리에 정맥주사를 피한다.
⑤ 갑작스런 하지 부종의 감각 이상, 열감 등을 증상으로 가진다.

36 다음 중 백혈구 감별계수 측정치가 정상 범위에 해당하는 것은?

① 중성구 20~30%
② 림프구 50~60%
③ 단핵구 10~20%
④ 호염기구 0~1%
⑤ 호염기구 2~5%

37 태아의 성 감별이 가능하며 손발톱이 서서히 발달하는 시기로 옳은 것은?

① 3개월
② 4개월
③ 5개월
④ 6개월
④ 7개월

38 대사성 알칼리증의 원인으로 옳은 것은?

① 연수의 손상
② 케톤산증
③ 갑상샘기능항진증
④ 포타슘 항진
⑤ 저칼륨혈증

39 노인환자에게 지팡이 보조기를 이용하여 보행을 할 때 해야 하는 간호교육으로 적절한 것은?

① "엉덩이와 무릎에 힘이 들어가지 않도록 지팡이를 사용하세요."
② "팔꿈치를 신전시켜서 사용하세요."
③ "불편한 다리 쪽에 지팡이를 세우도록 하세요."
④ "지팡이는 한 발이 있는 것으로 사용해야 합니다."
⑤ "상완신경총이 눌리지 않도록 하세요."

40 수술 직후 간호중재로 옳지 않은 것은?

① 활력징후를 측정한다.
② 수술 직후 고열량 식이를 격려한다.
③ 섭취량과 배설량을 측정하여 수분 – 전해질 균형을 확인한다.
④ 수술 부위에 출혈 징후를 관찰한다.
⑤ 조기이상을 격려한다.

41 상처치유의 단계로 옳은 것은?

① 염증 반응 → 혈소판 응집 → 섬유소 응고 형성 → 상피 재생 → 조직 성숙
② 염증 반응 → 상피 재생 → 섬유소 응고 형성 → 혈소판 응집 → 조직 성숙
③ 섬유소 응고 형성 → 염증 반응 → 혈소판 응집 → 상피 재생 → 조직 성숙
④ 혈소판 응집 → 섬유소 응고 형성 → 염증 반응 → 조직 성숙 → 상피 재생
⑤ 혈소판 응집 → 섬유소 응고 형성 → 염증 반응 → 상피 재생 → 조직 성숙

42 골다공증 예방을 위한 교육 내용으로 옳지 않은 것은?

① 낙상주의
② 근력강화 운동
③ 고단백질의 식이
④ 소량의 에스트로겐 투여
⑤ 금연 및 금주

43 인슐린 주사 처방이 내려진 환자에게 하는 교육으로 적절하지 않은 것은?

① 신경과 혈관 분포가 적은 복부에 주사를 놓는다.
② 피하지방 손상을 방지하기 위해서 주사 부위는 매일 교체한다.
③ 피부를 엄지와 집게손가락으로 들어 올리고 주사침을 15° 각도로 밀어 넣는다.
④ 주사 후 혈당을 측정하여 저혈당이 확인되면 당분을 섭취한다.
⑤ 인슐린이 함량 된 주사액은 0.5ml ~ 1ml 정도가 적절하다.

44 양치질할 때 물이 입가로 흘러내리고, 입술에는 힘이 들어가지 않아 발음을 제대로 하지 못하는 뇌손상 환자와 관련된 뇌신경은?

① 제2뇌신경　　　　　　　　　　② 제3뇌신경
③ 제5뇌신경　　　　　　　　　　④ 제7뇌신경
⑤ 제9뇌신경

45 통제 활동에 대한 설명으로 옳은 것은?

① 근본원인분석 : 적신호 사건을 예방하기 위하여 근본 원인을 전향적으로 파악한다.
② TQM : 과오의 재발을 예방하기 위하여 체계적인 변화에 중점을 두고 검토한다.
③ 오류 유형과 영향 분석 : 업무 프로세스에서 발생할 수 있는 사건 유형을 사전에 파악하고 체계적으로 분석한다.
④ 6 - 시그마 : 업무 프로세스에서 낭비 요소를 제거하고 고객에게 가치 있는 요소를 강조한다.
⑤ 린 : 지속적인 질 향상을 위해 업무 성과의 변이를 최소화한다.

46 다음 객혈(Hemoptysis)과 토혈(Hematemesis)의 특징으로 옳지 않은 것은?

	객혈	토혈
①	거품이 있음	거품이 없음
②	흉통과 호흡곤란	음식물이 섞여있음
③	암적색의 혈액	선홍색의 혈액
④	기침과 가래를 동반함	구토를 동반함
⑤	기도에서 출혈	식도에서 출혈

47 생명윤리의 원칙 중 자율성 존중의 원칙을 설명한 것으로 옳은 것은?

① 자신들의 안녕에 영향을 주는 사건이 있을 때 결정에 스스로 참여시키도록 해야 한다.
② "해를 끼치지 말라"는 것을 요구한다.
③ 인간은 근본적으로 평등하다는 것에 기초한다.
④ 해를 방지하고 해가 되는 조건을 제거해야 한다.
⑤ 친절과는 구별이 되며 타인을 돕기 위하여 적극적이고 긍정적인 단계가 요구된다.

48 투베르쿨린 반응 검사를 진행할 때 간호로 옳지 않은 것은?

① 약물 반응을 눈으로 관찰이 가능하다.
② 흡수가 빠르게 되므로 15분 후 주사 부위 반응을 확인한다.
③ 증류수에 처방된 주사약을 희석하여 사용한다.
④ 약 15°의 각도로 주사침을 밀어 넣는다.
⑤ 주사 부위를 문지르지 않도록 교육한다.

49 VDT 증후군의 주된 증상으로 옳지 않은 것은?

① 근골격계 : 경견완 증후군
② 혈관계 : 공기 색전증
③ 정신건강계 : 수면장애
④ 근골격계 : 손목터널 증후군
⑤ 감각계 : 안구 건조

50 위 부분 절제술 후 덤핑증후군이 나타나는 것을 예방하기 위한 간호로 옳은 것은?

① 고탄수화물의 식이를 섭취하도록 한다.
② 반좌위 자세로 식사하고, 식후에는 산책을 한다.
③ 음식의 양을 천천히 늘리고 수분 섭취를 많이 해준다.
④ 유동식, 연식, 일반식 순서로 단계적인 식사를 한다.
⑤ 식사 전후 2~3시간 동안 수분을 1L이상 섭취한다.

51 급성 사구체신염의 특징은?

① 연쇄상구균 감염으로 발생
② 저혈압
③ 당뇨
④ 혈청 크레아티닌 감소
⑤ 오렌지 색 소변

52 대상포진에 대한 설명으로 옳지 않은 것은?

① 중추감각의 신경로를 따라서 발생한다.
② 대상포진 후 신경통을 호소하는 경우 가바펜틴을 투여한다.
③ 면역력이 약한 대상자에게 나타난다.
④ 원인균은 Varicella zoster virus이다.
⑤ Acyclovir는 DNA 합성과 바이러스의 복제를 억제한다.

53 아스피린 중독 환아에게 나타나는 증상으로 옳지 않은 것은?

① 구토
② 경련
③ 이명
④ 방향감각 상실
⑤ 공격적인 행동

54 물, 알코올, 향료 등을 혼합한 약물의 형태로 단맛이 나는 약물로 경구로 사용하는 약물은?

① powder
② elixir
③ tablet
④ lotion
⑤ extract

55 정맥류 진단을 위한 검사 방법으로 옳지 않은 것은?

① 정맥조영술
② Hoffman's 검사
③ Doppler 검사
④ 혈량측정 검사
⑤ Trendelenburg 검사

56 호흡의 기능적 단위이며 호흡계와 순환계 사이에 기체교환이 일어나는 장소는?

① 폐
② 흉막
③ 폐포
④ 폐포관
⑤ 호흡세기관지

57 야간 진료, 중환자실의 보호자실 설치, 응급실 진료 등을 실시하여 고객만족을 창출하고자 한다면 마케팅 믹스 중 어느 단계에 해당하는가?

① 제품전략
② 가격전략
③ 촉진전략
④ 유통전략
⑤ 과정전략

58 글루코사이드계 항생제로 장내에 암모니아의 형성을 줄여주며 간경화 치료를 위한 약물 중에 하나이다. 간성혼수에도 사용되는 약물로 적절한 것은?

① Neomycin
② vasopressin
③ Lasix
④ Acetaminophen
⑤ Phenytoin

59 기관지 환자가 많은 지역사회에서 기관지전문병원을 개원하였다면, 의료의 질(Quality) 구성요소 중 어느 것에 해당하는가?

① 가용성(Availability)
② 적합성(Adequacy)
③ 적정성(Optimality)
④ 효율성(Efficiency)
⑤ 접근성(Accessibility)

60 올해 학교를 입학한 8세 아이가 주의력 결핍, 과잉행동, 충동행동 등이 나타나고 있다. 최근에는 수면장애가 생기고 있다고 한다. 이 대상자의 질환에 사용되는 약물의 특징으로 옳은 것은?

① 아토목세틴은 뇌에서 노르에피네프린을 선택적으로 증가시킨다.
② 저녁에 메틸페니데이트를 투약한다.
③ 클로니딘 서방형을 가루로 복용을 한다.
④ 메틸페니데이트는 뇌에서 도파민 분비를 억제시킨다.
⑤ 클로니딘은 식욕저하와 신경과민 부작용이 발생한다.

제01회 정답 및 해설
제02회 정답 및 해설
제03회 정답 및 해설
제04회 정답 및 해설
제05회 정답 및 해설

PART 03

정답 및 해설

● 문제 38page

제 01 회 정답 및 해설

1	2	3	4	5	6	7	8	9	10
④	①	④	②	①	⑤	③	①	②	④
11	12	13	14	15	16	17	18	19	20
②	⑤	④	①	③	④	④	④	⑤	⑤
21	22	23	24	25	26	27	28	29	30
①	⑤	④	①	③	②	⑤	⑤	③	①
31	32	33	34	35	36	37	38	39	40
⑤	③	⑤	①	④	②	①	①	③	④
41	42	43	44	45	46	47	48	49	50
③	⑤	①	②	②	①	②	④	⑤	①
51	52	53	54	55	56	57	58	59	60
③	⑤	④	⑤	⑤	③	③	①	⑤	①

1

| 과목 | 기본간호학 | 난이도 | ●●○ | 정답 | ④ |

$0.5mg/kg/hr \times 50kg = 25mg/hr$, 1시간에 25mg을 주입해야 한다. 5% D/W 500mL에 aminophyllin 250mg 섞여있으므로 1mL에는 0.5mg이 섞여있다. 따라서 25mg을 주입하기 위해서는 $1mL : 0.5mg = x : 25mg$이므로 $x = 50mL$, 즉 50mL/hr를 주입해야 한다. 따라서 분당 적정 주입 속도는 $(50mL/hr \times 20gtt) \div (1hr \times 60min) = 16.66\cdots$ 이므로, 약 17gtt/min이다.

2

| 과목 | 기본간호학 | 난이도 | ●○○ | 정답 | ① |

① 커프의 크기가 넓은 경우에는 실제보다 혈압이 높게 측정된다.
② 느슨하게 커프를 감은 경우에는 실제보다 혈압이 높게 측정된다.
③ 운동을 하고 안정이 되지 않은 상태에서 혈압을 측정하면 실제보다 혈압이 높게 측정된다.
④ 팔의 위치가 심장보다 낮은 경우 혈압이 높게 측정된다.
⑤ 좁은 커프를 사용한 경우 실제보다 혈압이 높게 측정된다.

| 3 | 과목 | 기본간호학 | 난이도 | ●○○ | 정답 | ④ |

④ 잔기량은 폐활량에 속하지 않는다.

| 4 | 과목 | 기본간호학 | 난이도 | ●●○ | 정답 | ② |

② VRE는 접촉주의를 통해 전파되므로 가능하면 1인실 병실을 사용하거나 같은 균주를 가진 환자를 모아 코호트 격리를 시행한다. 스티커를 부착하여 타 직종, 의료진과 의사소통하며 보호자와 방문객은 최소한으로 제한한다. 의료진은 환자와 접촉 시 가운, 장갑을 착용하고 장갑 착용 전, 후 손소독을 시행한다. 의료용품은 각 환자마다 개인으로 사용하고 VRE가 아닌 환자에게 사용할 때는 소독 후 사용한다.
①③ 공기주의 전파 예방지침에 대한 설명이다.
④ 환자에게 사용한 의료용품은 격리의료폐기물로 취급한다.
⑤ 공기주의 전파, 비말주의 전파 예방지침에 대한 설명이다. 접촉주의 전파 또한 불필요한 병실 외출은 금하나 이동 시 수술용 마스크를 착용할 필요는 없다.

| 5 | 과목 | 기본간호학 | 난이도 | ●○○ | 정답 | ① |

① 척추(극돌기)는 반좌위를 취했을 때 욕창이 발생하기 쉬운 부위에 해당한다.
②③④⑤ 앙와위를 취했을 때에 후두, 견갑골, 팔꿈치(주두돌기), 천골, 발꿈치에 욕창이 자주 발생한다.

| 6 | 과목 | 기본간호학 | 난이도 | ●○○ | 정답 | ⑤ |

⑤ 주삿바늘은 손상성폐기물로 분류하여 버린다.
①②④ 주삿바늘 찔림 사고를 예방하기 위해서 주삿바늘은 손으로 제거하거나, 사용한 주삿바늘의 뚜껑을 닫지 않는다.
③ 주삿바늘을 안전하게 폐기하기 위해서 폐기물 용기가 가득차지 않도록 한다.

| 7 | 과목 | 기본간호학 | 난이도 | ●●○ | 정답 | ③ |

③ 환자가 배뇨를 하고 단순도뇨관을 통해 신속하게 시행하여 잔뇨량을 측정한다.
①② 잔뇨량을 측정하는 방법이 아니다.
④ 잔뇨량이 50ml 이상인 경우에는 유치도뇨관을 삽입해야 한다.
⑤ 여성의 경우 소변이 나올 때까지 5 ~ 6cm가량을 삽입한다. 남성의 경우가 18 ~ 20cm가량을 삽입한다.

| 8 | 과목 | 기본간호학 | 난이도 | ●○○ | 정답 | ① |

① 변비에 2,000ml 이상의 수분섭취가 필요하기 때문에 이뇨 효과를 높여주는 음식은 섭취하지 않는다.
② 관장액의 온도를 따뜻하게 한다. 차가운 용액은 괄약근에 경련을 유발할 수 있고 너무 뜨거운 경우 손상을 입을 수 있다.
③ 섬유의 함유량이 높은 곡류, 야채, 과일, 버섯 등을 섭취하도록 권장한다.
④ 배변에 올바른 습관을 가지는 것이 중요하다.
⑤ 좌약을 사용하는 경우 직장벽에 좌약이 밀착되어야 약효가 더 잘 나타난다.

| 9 | 과목 | 간호학 | 난이도 | ●●○ | 정답 | ② |

② 세균 및 원충 감염에 사용하는 항생제이다. 성매개질환인 트리코모나스 질염의 증상에 복용하면 대부분 증상이 완치된다.

PLUS TIP 트리코모나스 질염

㉠ 트리모코나스 원충에 의해서 질 내에 감염되면서 전파된다.
㉡ 성접촉에 의해서 전파되는 성매개 질환이다.
㉢ 전염성이 매우 높아 파트너와 함께 치료를 해야 한다.
㉣ 항생제 Metronidazol를 이용하여 치료를 한다.

| 10 | 과목 | 기본간호학 | 난이도 | ●●● | 정답 | ④ |

④ 동맥혈가스분석 검사 결과 pH 7.35 이하, PO_2와 PCO_2 정상, HCO_3^- 22mEq/L 이하이므로 대사성 산증에 해당한다. 대사성 산증은 산의 증가나 염기의 손실로 발생한다. 산증의 근본 원인을 제거하고 섭취량과 배설량을 주의 깊게 관찰하며 중탄산나트륨을 투약한다. 당뇨성 산증일 경우 인슐린을 투약하고 장액소실로 인한 탈수 시 수분과 전해질을 보충한다. 신부전으로 인한 산증 시 혈액투석이나 복막투석을 실시한다. 산증이 교정되면 저칼륨혈증이 발생할 수 있으므로 포타슘을 공급한다.
① 섭취량과 배설량을 주의 깊게 관찰하며 적절한 수분을 공급한다.
② 호흡성 산증의 가장 우선적인 간호이다. 적절한 기도유지와 환기가 중요하다. 산소를 공급하고 흉부물리요법을 시행한다.
③ 호흡성 알칼리증의 간호중재이다. 이산화탄소 분압을 증가시키고 pH를 감소시키기 위해 호흡할 때 종이봉투를 사용하여 이산화탄소를 다시 들이마시게 한다.
⑤ 마약성 진통제는 호흡을 억제하기 때문에 사용하지 않는다.

11

| 과목 | 기본간호학 | 난이도 | ●●○ | 정답 | ② |

밀봉병 내 파동은 흉막강 내 압력을 반영하며 흡기 시에는 올라가고 호기 시에는 내려간다. 밀봉병에서 파동이 관찰되지 않는다면 폐가 정상적으로 팽창하거나 흡인기가 작동하지 않는 것 또는 배액관이 꼬이거나 막힌 것을 의미한다. 파동이 나타나지 않는 경우에는 배액관의 상태를 먼저 확인하고 배액관이 꼬이거나 막히지 않았다면 흡인기의 작동 여부를 확인해야 하고, 흡인기가 정상 작동한다면 흉부 X – ray를 촬영하여 폐의 재팽창 유무를 확인한다.

12

| 과목 | 기본간호학 | 난이도 | ●●○ | 정답 | ⑤ |

⑤ 부동 환자가 장기간 침상 안정 시 발끝이 아래로 처지게 되어 족저굴곡이 되므로 이를 방지하기 위해 발판이나 베개를 발아래 대어준다.
① 고관절의 외회전을 예방하기 위해서는 대전자 두루마리를 대주도록 한다.
②③ 무릎 관절 아래 약간 위쪽에 작은 패드를 두어 하지의 혈액순환을 돕고 압력을 감소시켜 슬와신경을 보호한다.
④ 발목 밑에 낮은 베개를 대어주어 발뒤꿈치 부위의 욕창을 예방한다.

13

| 과목 | 기본간호학 | 난이도 | ●●○ | 정답 | ④ |

④ 목발을 사용하여 계단을 내려올 때 건강한 다리에 체중을 의지한 상태로 목발과 약한 다리를 아래 계단으로 옮긴 후에 건강한 다리를 아래 계단의 목발 옆에 둔다.
①② 목발을 사용할 때 체중이 액와에 실릴 경우 액와 압박 위험이 있으므로 손과 팔에 체중이 실리도록 하고 액와와 목발 패드 사이의 간격은 손가락 3 ~ 4개 정도 유지되도록 하여 액와 압박을 예방한다.
③ 목발을 사용하여 계단을 오를 때 목발에 체중을 의지한 상태로 건강한 다리를 먼저 위쪽 계단에 올리고 난 다음에 목발과 약한 다리를 건강한 다리 옆에 둔다.
⑤ 목발을 사용하여 의자에 앉을 때 목발을 한손에 모아 쥐고 건강한 다리와 목발에 체중을 이동한다.

14

| 과목 | 기본간호학 | 난이도 | ●○○ | 정답 | ① |

① **장갑 신체보호대** : 신체 삽입기구나 드레싱을 보호하고 피부 긁는 것을 예방한다.
② **조끼 신체보호대** : 의자 또는 휠체어에 앉아 있거나 침대에 누워있는 동안 사용한다.
③ **전신 신체보호대** : 영아의 사지 움직임을 제한하기 위해 사용한다.
④ **사지 신체보호대** : 사지 전부 또는 한 부위를 움직이지 못하도록 하기 위해 사용한다.
⑤ **벨트 신체보호대** : 이동차로 운송 중 안전을 위해 사용한다.

15 | 과목 | 기본간호학 | 난이도 | ●○○ | 정답 | ③

③ 복압성 요실금에 해당한다. 복압이 상승하면서 실금을 하는 것이므로 케겔운동을 권장한다.
① 비만이 복압성 요실금의 원인 중에 하나이므로 체중 감소로 비만을 관리해야 한다.
② 하루에 수분을 2~2.5L 가량 섭취하게 한다.
④ 요실금에 유치카테터를 삽입하면 요로에 감염이 될 수 있으므로 주의해야 한다.
⑤ 실금 치료에 대한 간호중재가 아니다.

16 | 과목 | 기본간호학 | 난이도 | ●●○ | 정답 | ④

① Weber test : 음차를 진동시켜 이마 중앙에 놓고 골전도를 사정하는 것으로 정상인 경우 양쪽 귀에 음이 고루 전도되어 소리가 잘 들린다.
② Allen's test : ABGA 시행하기 전 측부순환을 확인하기 위해 시행한다. 주먹을 꽉 쥐게 한 상태에서 검사자의 손가락으로 요골동맥과 척골동맥을 압박하여 혈류를 차단하고 주먹을 쥐고 펴기를 반복한 후 척골동맥을 압박하던 손가락을 떼서 피부색이 돌아오는지 확인한다. 10초 안으로 돌아오면 정상이다.
③ Tensilon test : Tensilon을 정맥주사 하였을 때 즉시 근수축이 돌아온다면 중증 근무력증을 의심해 볼 수 있다.
⑤ Schilling test : 비타민 B12의 흡수장애를 확인하기 위한 검사로, 방사성 비타민 B12를 경구 투여하고 비방사성 비타민 B12를 근육주사하면 경구 투여한 비타민 B12가 소변으로 배설된다. 이때 24시간 배설된 소변의 방사성 %를 측정하여 확인한다.

17 | 과목 | 기본간호학 | 난이도 | ●●○ | 정답 | ④

④ 고섬유질식이 : 섬유질이 많아 대변의 부피를 증가시키기 때문에 변비가 심한 대상자에게 제공한다. 신선한 야채, 과일, 오트밀, 씨, 전곡이 해당된다.
① 저칼륨식이 : 신장질환으로 인해 소변에서 칼륨배설이 저하되어 혈중 칼륨농도가 증가된 대상자나 고혈압, 부종 등이 있는 대상자에게 제공하는 식이이다. 도정된 곡류(흰쌀), 숙주, 고사리 등의 음식을 섭취하고 감자, 미나리, 단호박, 시금치, 바나나, 토마토, 키위는 제한한다.
② 연식 : 소화가 잘되어 수술 후 회복기 환자나 위장관 질환이 있는 대상자에게 익힌 음식을 으깨거나 채에 걸러 부드럽게 하여 제공한다.
③ 저잔사 식이 : 체내에서 흡수율이 좋아서 장내에 잔류하는 음식을 최대한 적게 하는 식단이다. 식이섬유 섭취를 줄이는 것으로 수술 후 환자에게 필요하다.
⑤ 전유동식 : 위장관에 자극을 줄이고 소화를 용이하게 하기 위해서 액체 상태의 음식을 제공하는 것이다. 수술 후나 소화기 질환, 구강수술 이후에 제공한다.

| 18 | 과목 | 기본간호학 | 난이도 | ●○○ | 정답 | ④ |

복부검진 시 타진과 촉진이 장음을 변화시킬 수 있으므로 '시진 – 청진 – 타진 – 촉진'의 순서로 검진한다. 복부를 제외한 부분의 일반적인 신체 검진 시에는 '시진 – 촉진 – 타진 – 청진' 순서로 검진한다.

| 19 | 과목 | 기본간호학 | 난이도 | ●○○ | 정답 | ⑤ |

⑤ 주입을 중단할 때는 48시간에 걸쳐 서서히 중단한다. 갑자기 중단할 경우 저혈당이 발생할 수 있다.
① 완전 비경구영양(TPN)은 주입펌프를 사용해 정확한 속도로 주입해야 한다. 주입 속도가 너무 빠른 경우 삼투성 이뇨, 탈수, 고혈당이 발생할 수 있다. 따라서 주입 속도를 점진적으로 증가시켜 주입한다. 주입 중에는 일정속도를 유지해야 한다.
② 완전 비경구영양(TPN)은 고농도의 포도당을 포함하고 있어 미생물 성장의 배지역할을 한다. 따라서 감염예방을 위해 주입용 관을 매 24시간마다 교체한다. 또한 주입용 관과 중심정맥관이 분리될 경우 감염될 수 있으므로 새거나 꼬이지 않도록 주의한다.
③ 흉부 X – ray 검사로 중심정맥관 위치를 확인한다. 중심정맥관 끝이 상대정맥과 우심방의 경계에 위치해야 한다.
④ 말초정맥에 고장성 용액을 투여하면 정맥염이 발생할 수 있다.

PLUS TIP 완전 비경구영양(TPN)

질병이나 외상으로 인해 경구로 충분한 영양을 충족할 수 없는 대상자에게 중심정맥관을 통해 고장액의 영양을 투여하는 것이다. 말초정맥으로 고장액을 투여 시 정맥염을 초래할 수 있으므로 반드시 중심정맥관을 통해 투여한다.

| 20 | 과목 | 기본간호학 | 난이도 | ●●○ | 정답 | ⑤ |

⑤ 프라이버시 보호를 위해 욕실문은 닫아두어야 하나 문을 잠그면 응급상황 시 대처하기 어렵기 때문에 문을 잠그지 않도록 한다.
① 인접한 피부의 손상을 예방하기 위해 손톱은 달걀모양으로, 발톱은 일직선으로 깎는다.
② 의치를 사용하지 않을 때는 의치 전용세제로 세척 후 미온수로 헹구고 차가운 물이 담긴 용기에 보관한다.
③ 당뇨병 환자의 경우 꽉 끼는 양말과 신발, 다리 꼬기, 한 자세로 오랫동안 앉기 등 하지 순환을 방해하는 행위를 피한다. 또한 손상을 예방하기 위해 맨발로 다니지 않고 부드러운 양말과 잘 맞는 신발을 착용한다.
④ 무의식 환자의 구강 및 상기도 감염을 예방하고 구강 내 혈액순환 증진, 구취 제거를 위해 구강간호를 제공한다. 과산화수소와 물을 1 : 1로 희석하여 구강간호를 시행한다.

21

| 과목 | 기본간호학 | 난이도 | ●●○ | 정답 | ① |

① 온요법은 모세혈관을 확장시켜 혈액순환을 증가시키고 근육통을 완화한다. 또한 신체를 이완시키고 편안하게 하며 조직의 대사를 증가시킨다.
② 발목 염좌가 있는 환자에게는 냉요법을 적용하여 혈관을 수축시키고 부종을 방지한다.
③ 급성 충수염에 온요법을 적용할 경우 백혈구와 염증 반응을 증가시켜 염증이 악화된다.
④ 개방성 창상에 온요법을 적용할 경우 혈관 확장으로 출혈이 발생할 수 있다.
⑤ 심장수술 시에는 냉요법을 적용하여 신체의 산소요구량, 조직의 대사요구량을 감소시킨다.

22

| 과목 | 여성간호학 | 난이도 | ●○○ | 정답 | ⑤ |

임신성 고혈압 임부에게 황산마그네슘을 투약하는 이유는 중추신경계를 억제하여 경련을 예방하고 혈압을 낮추기 위함이다. 황산마그네슘 투약 후 갑작스런 저혈압이나 슬개건반사 소실, 맥박 저하, 핍뇨, 호흡수 감소, 태아심음 감소와 같이 독성 증상 발생 시 투약을 중지하고 calcium gluconate를 투약한다.

23

| 과목 | 기본간호학 | 난이도 | ●●○ | 정답 | ④ |

④ 발열 단계 중 오한기의 증상에 해당한다. 보온을 유지하기 위해서 담요나 이불을 덮어준다.
①② 발열기 간호중재에 해당한다.
③ 에너지 요구량을 최소화하기 위해 활동을 제한하고 휴식과 안정을 취하도록 한다.
⑤ 발열 시 조직의 대사와 파괴가 증가하므로 수분과 균형 잡힌 영양섭취가 중요하다.

PLUS TIP 오한기

㉠ 정의 : 오한기는 시상하부에서 지정온도가 높게 설정되어 설정된 지정온도에 도달할 때까지 열을 생산하고 보존하는 시기이다.
㉡ 증상 : 체온이 상승하고 오한, 떨림, 추위를 경험하며 피부는 소름이 돋고 창백하며 건조하고 차갑다.
㉢ 간호중재 : 보온을 위해 여분의 담요나 이불을 덮어주고 탈수를 예방하기 위해 수분 섭취를 증가시킨다. 활동을 줄이고 활력징후를 자주 측정한다. 심장이나 호흡기 질환이 있는 경우 산소를 공급하여 에너지 요구량을 최소화 한다.

24

| 과목 | 기본간호학 | 난이도 | ●○○ | 정답 | ① |

강화폐활량계는 수술 후 무기폐와 같은 폐 합병증을 예방하기 위해 사용한다. 수술 전 환자에게 교육하여 최대 흡입량을 확인하고 목표량을 설정해 수술 후 반복하여 사용하도록 한다. 강화폐활량계는 좌위 또는 반좌위에서 숨을 최대한 내쉰 후 호스를 입에 물고 최대한 깊게 숨을 들이마셔 공이 올라오도록 한다. 공이 올라오면 3 ~ 5초 가량 유지 후 호기를 하도록 하며 1시간에 10분씩 5 ~ 10회 반복하여 사용하도록 교육한다.

| 25 | 과목 | 기본간호학 | 난이도 | ●○○ | 정답 | ③ |

낙상 위험 요인은 65세 이상이나 영아 및 유아, 이전 낙상 과거력, 기동성 저하(근육허약, 조정능력이나 균형감각 손상, 마비), 감각손상, 배뇨장애, 약물 복용(진정제, 신경안정제, 이뇨제, 혈압강하제, 진통제), 체위성 저혈압, 허약, 낯선 환경 등이다.

| 26 | 과목 | 간호학 | 난이도 | ●●○ | 정답 | ② |

후기하강에 대한 설명으로 후기하강은 자궁 – 태반 혈류의 장애로 발생한다. 자궁 수축으로 극기에 태아심박동이 감소하기 시작하고 수축이 끝난 후 회복되나 회복기간이 오래 걸린다. 간호중재는 산모의 체위를 좌측위로 변경하고 정맥주입 속도를 증가시키며 산소를 공급한다. 또한 옥시토신과 같은 자궁수축제가 투여 중이라면 투약을 중단한다. 양수 내 태변 착색 유무를 확인하고 후기하강이 지속된다면 응급 제왕절개 수술을 준비한다.

| 27 | 과목 | 기초의학 | 난이도 | ●●● | 정답 | ⑤ |

⑤ Cytokine : 단핵식세포인 대식세포, 호산구, 단핵구, 호중구에 의해 생산되는 Monokine, T – 림프구에 의해 생산되는 Lymphokine과 같은 작은 단백질 활성물질로 면역계의 조절을 돕는다.
① 호중구 : 염증 부위에 가장 빠르게 나타나고, 림프구는 염증부위에 가장 나중에 나타난다.
② B – 림프구 : 항원에 노출되었을 때 혈장세포와 기억세포로 분화된다.
③ $CD4^+$ T림프구 : 보조 T림프구의 세포막은 CD4+라는 단백질을 갖고 있다. 비자기를 인식하여 비자기를 배제하도록 도우며 Cytokine을 방출한다.
④ $CD8^+$ T림프구 : 세포독성 T림프구라고도 하며 MHC항원을 포함한 세포를 파괴한다.

| 28 | 과목 | 간호학 | 난이도 | ●●○ | 정답 | ⑤ |

⑤ 비탈분극성 근 이완제에 해당한다.
①②③ 혈관작용에 도움을 주는 약물이다.
④ 부정맥약에 해당한다.

| 29 | 과목 | 간호학 | 난이도 | ●●○ | 정답 | ③ |

③ 완경기 교원질 감소로 피부 탄력성이 저하되고 피부가 건조하며 주름진다.
① 안면홍조는 에스트로겐 감소로 자율신경계가 불안정하여 나타난다.
② 완경기에는 에스트로겐 감소로 질 내 산도가 증가하고, 질 상피 두께가 얇아져 위축성질염이나 요도염의 발생 위험이 증가한다.
④ 완경기 여성은 체온조절이 불안정하여 발한이 나타나며 특히 야간발한을 경험한다.
⑤ 에스트로겐 감소로 골 형성이 억제되며 골 흡수가 증가하여 골다공증이 발생한다.

| 30 | 과목 | 간호학 | 난이도 | ●●○ | 정답 | ① |

② 윤활용 오일이나 로션이 피부를 자극시킬 수 있으므로 사용하지 않는다.
③ 신체의 전체 표면에 빛이 골고루 노출될 수 있도록 체위는 자주 변경한다.
④ 탈수를 예방하기 위해서 수분을 충분히 공급한다.
⑤ 자주 체온을 측정하여 체온 상승을 예방한다.

PLUS TIP 고빌리루빈혈증
㉠ 혈액에 빌리루빈이 많이 축적되면서 피부나 점막의 색이 노랗게 변하는 특성이다.
㉡ 혈액 내에 빌리루빈 농도가 2.0~2.5mg/dL이 넘으면 눈의 흰자위가 노랗게 변하고 소변의 색이 진한 갈색이 된다. 수치가 더 증가하면 손바닥을 비롯한 피부가 노랗게 된다.

| 31 | 과목 | 기초의학 | 난이도 | ●●● | 정답 | ⑤ |

PLUS TIP 당뇨병은 인슐린 결핍 시 증상
㉠ 근육세포와 지방세포에서 포도당 흡수가 저하된다. 근육세포에서 단백질이 이화되고 아미노산이 근육에서 간으로 이동한다. 단백분해가 촉진되고 아미노산의 흡수와 단백합성이 억제된다.
㉡ 지방합성이 억제되고 지방세포의 분해가 촉진되어 유리지방산이 증가하고 고지혈증이 발생한다.
㉢ 지방산 분해로 케톤체가 형성되고 혈액 내 수소이온농도가 증가하여 대사성 산증이 발생한다. 산증의 보상기전으로 호흡수와 깊이가 증가한 쿠스말(Kussmaul)호흡이 나타난다.
㉣ 대사성 산증에서 혈중수소이온의 증가는 수소이온을 세포외에서 세포내로 이동시키고 이로 인해 세포내 포타슘이 세포외로 이동한다. 포타슘 외에도 마그네슘, 인, 칼슘도 이동한다.
㉤ 혈중포도당 농도가 높으면 다량의 포도당이 소변으로 배설되고 삼투성 이뇨가 나타난다. 수분과 전해질이 함께 소실되어 전해질 불균형, 다갈, 탈수, 저혈량이 발생한다.

| 32 | 과목 | 간호학 | 난이도 | ●●○ | 정답 | ③ |

③ 증상 완화를 위해 차가운 가습 공기를 제공한다.
① 발열 시 체온을 낮추기 위함이다.
② 염증과 기도부종을 감소시키기 위한 것이다.
④ 기도폐쇄와 같은 응급상황에 대비하기 위함이다.
⑤ 편안한 호흡을 위해서 측위나 반좌위를 취하게 한다. 또한 에너지 소모를 막기 위해서 휴식을 제공해야 한다.

📘PLUSTIP 크룹(Croup)

일반적으로 바이러스 감염에 의해 발생한다. 후두부종, 후두폐쇄로 개 짖는 듯한 기침, 쉰 목소리, 흡기 시 천명음, 호흡곤란이 나타난다. 크룹은 급성 후두개염, 급성 후두염, 급성 후두기관기관지염, 세균성기관염을 포함하며 후두부 부종을 감소시키고 혈관을 수축시켜 증상을 완화시킨다.

| 33 | 과목 | 간호학 | 난이도 | ●●○ | 정답 | ⑤ |

①② 친수성 약물로 일차적으로 혈장에 분포하는 특징이 있다.
③④ 염기성 약물로 알파-1 산성당단백질에 결합하는 특징이 있다.

| 34 | 과목 | 간호학 | 난이도 | ●○○ | 정답 | ① |

① AFI가 25cm 이상일 경우 양수과다증을 의심할 수 있다. 태아 폐 형성부전은 양수과소증의 합병증이다.

📘PLUSTIP 양수과다증

양수과다증의 합병증은 조기파수, 제대탈출, 태반조기박리, 선진부 진입 어려움, 비정상 태위유발, 자궁근무력증, 자궁기능부전, 산후출혈, 높은 주산기 사망률이다. 양수과다증으로 산모는 호흡곤란, 청색증, 부종, 복부 불편감, 복통을 호소할 수 있고, 태아 촉진이 잘되지 않는다. 치료는 Indomethacin 투약, 양수천자를 실시한다. Indomethacin은 태아에서 바소프레신(Vasopressin)의 분비를 증가시켜 소변량을 감소시킴으로써 양수과다증을 치료한다. 이뇨제 투약 및 수분과 염분 섭취 제한은 양수를 줄이는 데 효과가 없다. 호흡곤란 완화를 위해 반좌위를 취해주고 정서적 지지와 안위를 제공한다.

| 35 | 과목 | 간호학 | 난이도 | ●●○ | 정답 | ④ |

④ 자궁이완 증상에 해당한다. 자궁의 수축을 돕기 위해서 자궁저부를 마사지를 하여 지혈을 유도하고 자궁수축을 유도한다.
① 모유수유를 하면 자궁이 수축하는 것에 도움을 줄 수 있으므로 모유수유를 하도록 교육한다.
③ 황산마그네슘은 자궁이완제의 일종으로 투여가 금지된다. 옥시토신을 투여하여 자궁 수축을 유도한다.

| 36 | 과목 | 기초의학 | 난이도 | ●○○ | 정답 | ② |

Clozapine(클로자핀) 투약 시 부작용으로 무과립구증이 나타날 수 있다. 무과립구증은 발열, 인후통, 감염증상이 나타나며, CBC 혈액검사를 정기적으로 시행하여 확인할 수 있다. 초기 발견 시 약물을 중단하면 거의 정상 수준으로 회복된다.

| 37 | 과목 | 간호학 | 난이도 | ●●○ | 정답 | ① |

① 섬망 간호중재에 대한 설명이다. 안전감과 편안함 제공 및 효과적인 의사소통을 위해 가능한 치료자나 환경을 바꾸지 않는다.
② 갈증을 느끼지 못해 수분과 영양 불균형이 올 수 있으므로 충분한 수분 섭취를 격려하고 수분과 전해질 균형을 주의 깊게 관찰한다.
③ 말을 유도하면서 주위 현실에 적응을 도와줌으로써 더욱 깊은 섬망에 빠지는 것을 막는다.
④ 간단하고 직접적인 지시와 구체적이고 반복적인 설명을 사용하여 의사소통한다.
⑤ 환자 주변에 익숙한 물건을 두어 스트레스를 감소시키고 항상 불을 켜두어 지남력에 대한 단서를 제공한다.

| 38 | 과목 | 기초의학 | 난이도 | ●●● | 정답 | ① |

간의 병리적 변화로 동양혈관압과 문맥압이 상승하여 문맥성 고혈압이 발생한다. 문맥성 고혈압으로 혈관의 정수압이 높아지고 혈관 내 체액과 혈장 단백질인 알부민이 복강내로 밀려나온다. 또한 간의 알부민 합성 능력이 저하된 상태이므로 혈관 내 교질 삼투압이 감소하여 순환혈류량이 감소한다. 저혈량으로 인해 신장에서 레닌을 생성하고 레닌 – 안지오텐신 기전이 자극되어 알도스테론 분비가 증가한다. 그 결과 소듐과 수분이 정체되고 혈류량이 증가하여 혈관 내 정수압을 증가시킴으로써 복수를 악화시킨다.

| 39 | 과목 | 간호학 | 난이도 | ●●○ | 정답 | ③ |

③ 개입, 해독, 재활 단계로 치료를 한다.
① 비타민 결핍증으로 기억상실이 나타나기 때문에 비타민을 제공한다.
② 아편계에 길항작용이 있는 약물로 주로 아편중독에 치료에 사용이 된다. 또한 알코올에 대한 항갈망제 효과가 있다.
④ 고단백, 고비타민 식이가 필요하다.
⑤ 자조집단으로 자신과 비슷한 문제를 가진 사람들이 공감받고 다양한 방법을 공유하면서 재활치료를 한다.

| 40 | 과목 | 간호학 | 난이도 | ●●○ | 정답 | ④ |

④ 들개에게 물린 경우 상처부위를 물과 비누로 세척하고 소독한다. 또한 광견병과 파상풍 예방을 위한 약물과 교상 상태를 확인하여 봉합을 하는 간호를 한다.

| 41 | 과목 | 기초의학 | 난이도 | ●○○ | 정답 | ③ |

③ 탈모는 모낭의 세포분열이 빠르게 일어나 나타나는 부작용으로 항암화학요법 2~3주경 발생한다. 치료 종료 후 모발이 다시 자라남을 강조하여 정서적으로 지지하고 가발이나 스카프를 이용할 수 있도록 정보를 제공한다.
① 항암화학요법 약물은 세포주기 특이성 약물과 세포주기 비특이성 약물이 있으며 암세포의 DNA, RNA 복제, 전사, 번식을 방해하고 핵산의 합성과 기능을 차단하며 암세포의 분열을 막는다.
② 항암화학요법은 암세포 수가 적고, 분열속도가 빠를수록, 전체 암세포 증식비율이 높을수록, 세포가 어릴수록 반응효과가 좋다.
④ 장기간 정맥으로 항암화학요법을 할 경우 피하터널 카테터나 피하삽입장치를 사용한다. 피하터널 카테터는 흉벽에 터널을 만들어 쇄골하정맥을 통해 우심방과 상대정맥 접합부까지 삽입하고 외부로 카테터는 나오게 한다. 피하삽입장치는 이와 유사하게 피하에 삽입하지만 외부로 카테터가 나오지 않아 감염위험이 적다.
⑤ 항암화학요법의 부작용으로 골수기능이 저하되어 백혈구 감소증이 나타난다. 절대호중구 수치가 감소하면 감염의 위험이 크기 때문에 감염예방을 위해 감염의 증상을 주의 깊게 관찰하고 감염관리 방법을 준수한다.

| 42 | 과목 | 간호학 | 난이도 | ●●○ | 정답 | ⑤ |

새벽 현상은 새벽 3시까지는 정상 혈당을 유지하다가 그 이후부터 혈당이 증가하여 아침에 고혈당이 나타난다. 1형 당뇨병 대상자에게서 새벽 동안 성장호르몬이 분비되어 발생한다. 치료방법은 자기 전, 새벽 3시, 아침 공복 혈당을 측정하여 새벽에 고혈당이 나타나는 원인을 규명하고 인슐린 용량을 증량하여 투여한다.

| 43 | 과목 | 기본간호학 | 난이도 | ●○○ | 정답 | ① |

인슐린의 주사 부위는 복부, 상완 바깥쪽, 대퇴 바깥쪽이 주로 사용된다. 주사 부위의 위치는 주사 시 매번 바꾸어 투약한다. 주사 부위를 회전하는 이유는 지방조직의 위축이나 비후를 예방하기 위함이다. 비후된 지방조직에 투여할 경우 인슐린이 정상적으로 흡수되지 않을 수 있다.

44 | 과목: 기초의학 | 난이도: ●●● | 정답: ②

PLUS TIP PTH 효과

㉠ 신장에서의 부갑상샘 호르몬(PTH) 작용 : 비타민 D를 활성화 상태로 전환시키고 칼슘과 마그네슘의 신세뇨관에서의 재흡수를 증가시킨다. 또한 인, 중탄산염, 소듐의 재흡수를 억제하고 소변으로 배설을 증가시킨다.
㉡ 뼈에서의 부갑상샘 호르몬(PTH) 작용 : 파골작용을 증가시키고 골형성을 억제하여 뼈에서 혈액으로 칼슘을 방출시킨다.
㉢ 위장관계에서의 부갑상샘 호르몬(PTH) 작용 : 비타민 D를 활성화 상태로 전환시켜 장점막에서의 칼슘과 인의 흡수를 돕는다.

45 | 과목: 간호학 | 난이도: ●○○ | 정답: ②

욕창은 감각인지 저하, 습한 피부, 침상안정, 기동력 저하, 영양 불균형, 마찰력과 전단력으로 발생한다. 사례의 환자는 고관절 치환술을 받고 한 달째 부동 상태로 예상되기 때문에 부동이 욕창 발생의 원인이라 할 수 있다. 간병인과 대화하는 것으로 보아 인지 저하는 없으며 밥은 매끼 2/3 이상 섭취하고 있어 영양 부족도 아니다. 실금이 없고 변을 보는 즉시 간병인이 기저귀를 교환해주고 있어 습한 피부, 오염된 피부 역시 욕창 발생의 원인으로 볼 수 없다.

46 | 과목: 간호학 | 난이도: ●●○ | 정답: ①

① 수술 후 첫 24시간 동안은 침상안정을 하지만 그 이후에는 합병증 예방을 위해 조기이상을 격려한다. 침상안정을 하는 동안에도 무기폐와 폐렴 발생 위험을 감소시키기 위해 기침과 심호흡을 하도록 한다. 체위를 자주 변경하고 하지에 혈전이 형성되는 것을 예방하기 위해 다리운동을 격려한다.
⑤ 혈괴가 형성되는 것을 예방하기 위한 것이다.

47 | 과목: 기초의학 | 난이도: ●●○ | 정답: ②

① 효소가 괴사된 세포를 녹이고 액화시킬 때 나타난다.
③ 괴사되어 해체된 세포가 남아 있어서 나타난다.
④ 세균으로 피부에 건조하게 나타나는 괴저이다.
⑤ 세포내 중성지방이 유리지방산으로 가수분해하면서 나타난다.

| **48** | 과목 | 간호학 | 난이도 | ●●○ | 정답 | ④ |

③④ 끈이 있는 신발이나 지퍼 달린 옷처럼 복잡하고 정교한 것보다는 끈이 없는 신발, 접착포가 달린 착용이 편한 옷을 입어서 가능한 일상생활을 독립적으로 수행하도록 격려한다.
① 운동 부족으로 변비가 발생할 수 있기 때문에 수분 섭취를 격려하고 고섬유질 식이를 제공한다.
② 보행훈련 시 발을 질질 끌지 않고 의식적으로 발을 들어 올려 걷도록 교육한다.
⑤ 근 위축과 경축을 예방하고 기동력 증진을 위해 매일 점진적인 운동을 할 수 있도록 격려한다.

| **49** | 과목 | 간호학 | 난이도 | ●●○ | 정답 | ⑤ |

⑤ 면역기능이 저하되어 있고 감염에 취약하기 때문에 사람이 많이 모이는 곳은 피한다.
① 햇빛에 노출되었을 때 발진이 악화되기 때문에 외출 시 자외선을 차단하고 햇빛 노출은 피한다.
② 관절통이 심한 경우 운동보다는 휴식과 안정을 취하도록 한다.
③ 차가운 곳에 노출되었을 경우 혈관 경련으로 인해 심한 통증이 발생한다.
④ 스테로이드는 의사와 상의하여 서서히 중단해야 하며 보통 증상이 호전되더라도 질병이 악화되는 것을 예방하기 위해 유지용량을 투여한다.

📋 **PLUS TIP** 전신 홍반성 낭창

전신 홍반성 낭창은 전신질환으로 발열, 피로감, 식욕부진, 체중 감소가 나타나고 얼굴에 나비모양 발진, 탈모와 함께 관절염이 발생한다. 만성 진행성 염증성 결체조직질환으로 혈액과 조직에 면역복합체를 만들어 염증을 일으키고 조직에 광범위한 손상을 초래한다. 신장 침범은 치명적이며 혈뇨, 단백뇨, 전신부종, 소변량 감소가 나타난다. 이외에도 중추신경계와 심장을 침범하여 심낭염, 마비, 발작, 두통 등을 초래할 수 있다.

| **50** | 과목 | 간호학 | 난이도 | ●●○ | 정답 | ① |

① 혈액투석 시 사용하는 헤파린은 응고시간을 증가시켜 출혈 위험을 높인다. 따라서 출혈 여부를 관찰하고 활력징후를 자주 측정한다. 침습적 시술 및 수술은 투석 후 4 ~ 6시간 동안은 피하도록 한다.

| 51 | 과목 | 간호학 | 난이도 | ●○○ | 정답 | ③ |

③ 경정맥 배액 및 정맥순환계로의 유입을 돕기 위해 침상머리를 30° 상승시킨다.
① 흡인은 기침반사를 자극하여 두개내압을 상승시키기 때문에 가능하면 짧게, 10초 미만으로 시행한다.
② 두개내압 상승을 예방하기 위해 수분 섭취를 제한한다. 정맥 수액은 식염수나 고장성 용액을 사용한다.
④ 등척성 운동은 혈압을 높이고 두개내압을 상승시키기 때문에 금한다.
⑤ 기침, 배변 시 힘주기로 인한 Valsalva maneuver은 두개내압을 상승시키므로 금한다.

| 52 | 과목 | 간호학 | 난이도 | ●●○ | 정답 | ⑤ |

PLUS TIP 요추간판 수술을 받은 대상자 교육

㉠ 침대는 단단하지만 딱딱하지 않은 침대를 사용한다. 침대에서 일어날 때는 침대 끝으로 굴러가 허리는 똑바로 편 상태에서 다리를 침대 밖으로 내리고 손을 짚고 일어난다.
㉡ 의자에 앉을 때는 너무 낮은 의자, 비스듬히 앉는 자세는 피하고 허리를 펴고 꼿꼿이 앉는다.
㉢ 굽이 낮은 구두를 신는다. 장시간 구두를 신고 서있거나 걷지 않는다.
㉣ 장시간 서 있을 경우 한쪽 무릎은 굽혀 발판위에 올리고 양다리에 체중을 교대로 이동시킨다.
㉤ 허리의 근육을 강화시키기 위해 걷기 운동, 수영을 하고 이상적인 체중을 유지한다.
㉥ 장거리 운전, 배변 시 힘주기를 피한다. 섬유질이 풍부한 음식을 섭취하고 수분 섭취를 격려한다.
㉦ 물건을 들 때에는 신체역학을 이용하여 들어올린다. 물건 가까이에 서서 허리를 곧게 펴고 무릎을 굽힌 상태로 대퇴근육을 이용하여 들어올린다. 물건을 들 때 몸을 비틀지 않는다.

| 53 | 과목 | 기초의학 | 난이도 | ●●● | 정답 | ④ |

① 폐용적 감소, ② 전폐용적 증가, ③ 잔기량 증가, ⑤ FEV1/FVC 감소

PLUS TIP 폐기능 검사

폐기능 검사를 통해 폐용적, 전폐용적, 잔기량, 유통량 곡선, 확산용량을 측정한다. 특히 만성폐쇄성폐질환에서 의미 있는 소견은 1초 강제 호기량(FEV1)의 감소로 FEV1은 1초 동안 내쉴 수 있는 최대의 공기량이다. 폐쇄성 폐질환에서는 감소하고 억제성 폐질환에서는 정상 소견을 보이며 정상치는 예측 값의 80% 이상이다. 또한 질환이 진행됨에 따라 1초 강제 호기량(FEV1)과 노력폐활량(FVC)의 비율이 더 작아지는데 노력폐활량(FVC)은 최대 흡기 후 최대한 강하고 빠르게 내쉴 수 있는 공기량이다. FEV1/FVC는 폐쇄성 폐질환에서 70% 미만으로 감소한다.

54

| 과목 | 기본간호학 | 난이도 | ●●○ | 정답 | ⑤ |

⑤ 저칼슘혈증이므로 10% Calcium gluconate를 천천히 정맥으로 주입한다.
① 고칼슘혈증에서 칼슘배출을 증가시키기 위해 생리식염수와 이뇨제를 투약한다.
② 고칼슘혈증에서 칼슘결석을 예방하기 위해 산성 과일주스, 자두주스를 제공한다.
③④ 고칼륨혈증의 간호중재에 해당한다.

PLUS TIP 저칼슘혈증 간호중재

㉠ 10% Calcium gluconate를 천천히 정맥으로 주입한다.
㉡ 경구용 칼슘제제, 칼슘, 비타민 D가 풍부한 음식을 섭취한다.
㉢ 혈청 인 수치를 낮추기 위해 Aluminum hydroxide gel을 투여한다.
㉣ 병리적 골절을 예방한다.

55

| 과목 | 간호학 | 난이도 | ●●○ | 정답 | ⑤ |

⑤ 장기간 침상안정중인 환자에게 정맥혈 정체, 정맥벽 손상, 혈액의 과응고력으로 정맥혈전증이 발생한 경우 5~7일간 침상안정하며 다리를 심장보다 높게 상승시킨다. 혈전이 떨어져 색전을 유발할 수 있기 때문에 움직이거나, 마사지를 하지 않는다.

56

| 과목 | 간호학 | 난이도 | ●●○ | 정답 | ③ |

PLUS TIP 위 - 식도 역류 질환 환자 생활습관 교육방법

㉠ 수면 시 침상머리를 10~20cm 정도 상승시킨다.
㉡ 식사 중 적당량의 물을 마시도록 하여 음식물이 잘 내려가도록 한다.
㉢ 복압을 상승시키는 행위(꽉 끼는 옷 입기, 몸을 앞으로 구부리거나 무거운 물건 들기, 배변 시 과도한 힘주기)는 피하도록 하고 적절한 체중을 유지하도록 한다.
㉣ 식사는 소량씩 자주하고 식사 후에는 침상머리를 높게 하여 음식물이 잘 내려가도록 한다.
㉤ 수면 시 역류를 예방하기 위해 취침 3시간 전에는 음식 섭취를 피한다.
㉥ 질환을 악화시키는 아스피린, 담배, 항콜린제, 칼슘통로차단제의 복용을 삼간다.

| 57 | 과목 | 기초의학 | 난이도 | ●●○ | 정답 | ③ |

③ 급성 천식 발작 환자에게 속효성 β_2-agonist 흡입제를 우선적으로 투약한다. 속효성 β_2-agonist은 기관지 평활근을 이완시켜 호흡곤란을 완화시킨다. 속효성 β_2-agonist에는 albuterol, terbutaline이 있다.
①④⑤ 속효성 β_2-agonist 투약 후 기도 내 염증 감소를 위해 스테로이드, 비만세포 안정제, 류코트리엔 완화제를 투여한다.

| 58 | 과목 | 간호학 | 난이도 | ●●○ | 정답 | ① |

① 심박출량 감소로 혈액이 정체되어 혈류량이 증가한다. 혈류량을 감소시켜 전부하를 줄이고 부종을 예방하기 위해 수분과 염분 섭취를 제한한다. 수분과 염분 섭취는 대상자의 체중, 전해질 수치, 섭취량 배설량에 따라 조절한다. 또한 과다한 체액을 감소시키기 위해 처방에 따라 이뇨제를 투약한다.

| 59 | 과목 | 기초의학 | 난이도 | ●○○ | 정답 | ⑤ |

승모판막폐쇄부전증은 승모판막의 기능부전으로 판막이 완전히 닫히지 않아 좌심실이 수축할 때 좌심실에서 좌심방 쪽으로 혈액이 역류하고 좌심방의 압력이 증가하게 된다. 좌심방 비대와 함께 폐울혈, 폐고혈압을 일으키고 심박출량을 감소시켜 피로와 허약감이 나타난다. 질병이 진행됨에 따라 우심실과 우심방 또한 비대되어 부종, 간울혈, 복수 등이 나타난다.

| 60 | 과목 | 기초의학 | 난이도 | ●●○ | 정답 | ① |

② 핵 근처에 있는 얇고 납작한 주머니이다.
③ 세포질에 있는 막으로 리보좀의 유무에 따라서 SER과 RER으로 나뉜다.
④ 세포질에 있는 작은 입자로 RNA와 단백질로 구성된다.
⑤ 핵막 안에 둘러 쌓여 있는 것으로 유전정보를 보유하고 있다.

제 02 회 정답 및 해설

1	2	3	4	5	6	7	8	9	10
③	⑤	⑤	③	①	②	③	①	③	②
11	12	13	14	15	16	17	18	19	20
②	④	④	③	①	②	⑤	③	②	③
21	22	23	24	25	26	27	28	29	30
⑤	②	⑤	④	④	④	③	①	④	①
31	32	33	34	35	36	37	38	39	40
②	⑤	①	④	③	②	⑤	⑤	②	①
41	42	43	44	45	46	47	48	49	50
②	③	⑤	④	②	②	②	①	①	④
51	52	53	54	55	56	57	58	59	60
④	⑤	②	②	③	②	③	②	①	③

1

| 과목 | 기본간호학 | 난이도 | ●●○ | 정답 | ③ |

Tabaxin 2.25g(2250mg)에 멸균증류수 8.7mL를 mix하여 총 10mL가 되었으므로, 1mL당 225mg의 tabaxin이 들어있다. 1회 1,100mg의 Tabaxin을 투약하므로 1,100mg ÷ 225mg = 4.88… 이므로, 약 4.9mL이다.

2

| 과목 | 기본간호학 | 난이도 | ●●○ | 정답 | ⑤ |

① 커프의 폭이 넓은 경우 혈압이 낮게 측정된다.
② 커프를 느슨히 감으면 혈압이 높게 측정된다.
③ 충분한 공기주입이 이루어지지 않은 경우 혈압이 낮게 측정된다.
④ 운동 직후나 활동 직후에는 심박출량이 증가하여 혈압이 상승하여 높게 측정된다.

| 3 | 과목 | 기본간호학 | 난이도 | ●●● | 정답 | ⑤ |

① 〈보기〉의 호흡양상은 Cheyne – Stokes 호흡이다. Cheyne-stokes 호흡에서는 무호흡주기에 이어 과다호흡주기가 교대로 나타나며 뇌압 상승, 심부전, 요독증 등에서 나타난다.
② Biot's 호흡은 뇌막염이나 심한 뇌손상 시 얕은 호흡 후 무호흡이 나타난다.
③④ 당뇨성 케톤산증과 대사성 산독증에서 나타나고, 과일향이 나며 호흡의 깊이와 수가 증가한 호흡은 쿠스말(Kussmaul) 호흡이다.

| 4 | 과목 | 기본간호학 | 난이도 | ●○○ | 정답 | ③ |

③ 멸균용액을 따르는 동안 소독캔의 뚜껑 안쪽 면이 아래로 향하게 들거나 테이블에 내려놓는 경우 안쪽 면이 위로 향하게 내려놓는다.
① 멸균용기의 가장자리는 오염된 것으로 간주하므로 멸균용액을 부을 때 소량을 버리고 멸균용기에 붓는다.
② 시야를 벗어나거나 허리선 아래 위치한 멸균물품은 오염된 것으로 간주하므로 멸균장갑을 착용한 손은 허리선 위 또는 시야 내에 있어야 하고 멸균물품만 접촉한다.
④ 멸균영역 내에서 사용하는 모든 물품은 멸균된 것이어야 하므로 멸균장갑을 착용한 손으로만 접촉하고 건열, 습열, 화학적으로 멸균된 물품을 사용한다.
⑤ 멸균물품의 표면이 젖은 경우 오염된 것으로 간주하므로 멸균 용액을 부을 때 용액이 튀지 않도록 10 ~ 15cm 위에서 천천히 붓는다.

| 5 | 과목 | 기본간호학 | 난이도 | ●●○ | 정답 | ① |

① 설하투여는 약물을 혀 밑에 놓고 약이 용해되어 혀 밑의 혈관으로 빠르게 흡수되도록 하는 방법이다. 약이 흡수 될 때까지 삼키면 안된다. 대표적인 약물로는 Nitroglycerine이 있다.
② 안연고는 하안검 결막낭 내측에서 외측으로 바른다.
③ 편마비 환자에게 경구투약 시 흡인 예방을 위해 마비되지 않은 쪽으로 약을 투여한다.
④ 항생제 피부반응 검사 후 약물이 주사바늘 뺀 부위로 흘러나올 수 있고 조직 내로 약물이 분산될 수 있기 때문에 마사지를 금한다.
⑤ 질좌약은 앙와위에서 무릎을 굽히고 다리를 벌린 상태에서 질후벽을 따라 8 ~ 10cm 정도 밀어 넣는다.

| 6 | 과목 | 기본간호학 | 난이도 | ●●○ | 정답 | ② |

① **사후강직**: 사망 2 ~ 4시간 후 사체가 경직되는 것을 의미하며, 신체 내 글리코겐 부족으로 ATP가 합성되지 않아 근육이 수축되고 관절을 움직이지 못하게 된다. 사후강직은 사망 후 96시간 내 끝나므로 사후강직이 나타나기 전에 눈과 입을 닫아주고 의치를 삽입하여 준다.
③ **사후한랭**: 사망 후 혈액순환이 정지되고 시상하부의 기능이 정지되어 체온이 점차 하강하는 것으로 체온이 실내 온도가 될 때까지 1시간에 약 1℃씩 하강한다. 이때 피부 탄력이 저하되어 쉽게 손상되므로 신체 부위를 잡아당기지 않는다.
④ **사후연화**: 사후강직이 끝나고 세균성 발효에 의해 일어난다.
⑤ **사후부패**: 부패균의 작용에 의해 일어나며 주로 혈관 내 번식하여 전신으로 이동한다.

| 7 | 과목 | 기본간호학 | 난이도 | ●○○ | 정답 | ③ |

저산소증의 일반적 증상에는 빠르고 얕은 호흡, 빠른 맥박, 초조, 현기증, 안절부절 못함, 어지러움, 과도한 긴장, 졸음, 호흡곤란, 청색증, 산소포화도 저하, 동맥혈 내 산소분압 저하, 늑간 부위 퇴축, 코 벌름거림 등이 있다.

| 8 | 과목 | 기초의학 | 난이도 | ●●○ | 정답 | ① |

②③⑤ 완경기 여성의 신체변화에 대한 설명으로 월경곤란증과는 관련 없다.
④ 자궁협부 긴장도가 증가하여 월경 혈의 유출이 원활하지 않아 월경통이 발생한다.

PLUS TIP 원발성 월경곤란증

골반의 기질적 병변이 없음에도 불구하고 월경통을 호소하며 오심, 구토, 설사를 동반하기도 한다. 초경 시작 1년 이내 발생한다. 원인은 프로스타글란딘의 과도한 합성으로 자궁수축 촉진, 자궁협부 긴장도 증가, 자궁내막 동맥 경련이다.

| 9 | 과목 | 기본간호학 | 난이도 | ●●○ | 정답 | ③ |

등척성 운동은 저항하는 힘에 대항하여 수행하는 정적인 운동으로 근육의 이완과 수축이 일어나지만 근육의 길이 변화나 부하는 없다. 등척성 운동은 근력과 근긴장도를 증가시키고 근육의 양을 증가시켜 근위축을 예방한다. 석고붕대를 한 부동 대상자에게 적절하다.

| 10 | 과목 | 기본간호학 | 난이도 | ●●○ | 정답 | ② |

전단력은 마찰과 중력의 상호작용으로 발생하며 욕창 발생의 중요한 요소다. 체위 변경 시 끌거나 잡아당기지 않고 들어 올림으로써 전단력으로 인한 손상을 예방할 수 있다.

| 11 | 과목 | 기본간호학 | 난이도 | ●●○ | 정답 | ② |

② 유치도뇨관 삽입중인 환자에게 요로 감염을 예방하고 소변이 잘 배출되도록 돕기 위해 중력 배액체계와 폐쇄적 배액체계가 필수적이다. 따라서 배뇨관이 중력 배액체계를 유지할 수 있도록 관이 꼬이거나 대상자가 배액관 위에 눕지 않았는지 관찰해야 한다.
① 감염 위험을 최소화하기 위해 배변 후, 적어도 하루 2회 이상 멸균생리식염수나 베타딘으로 도뇨관과 요도구 주위 회음부 간호를 제공한다.
③ 금기가 아니라면 하루 3L 이상의 수분 섭취를 격려하여 요정체로 인한 요로 감염이나 침전물에 의한 요로폐쇄를 예방한다. 또한, 소변을 산성화시키는 크랜베리 주스와 같은 식이를 제공한다.
④ 소변 배액주머니는 항상 방광보다 낮게 위치하도록 하여 역류되지 않도록 한다.
⑤ 유치도뇨관을 삽입 중인 환자에게 소변검사 검체 수집을 위해 배액관을 10분간 잠근 후, 별도의 Port에 21 ~ 25G 멸균주사기 바늘을 찔러 수집한다. 검사물 채취 후에는 잠금장치를 바로 해제한다. 폐쇄적 배액체계 유지를 위해 배액관은 분리하지 않는다.

| 12 | 과목 | 기초의학 | 난이도 | ●●● | 정답 | ④ |

③④ 임질은 초기에는 무증상이나 상행감염으로 난관이 좁아져 불임을 초래할 수 있다. 임신 중 태반을 통과하지 않아 임신유지가 가능하나 분만 중 모체의 산도를 통해 신생아에게 결막염을 초래할 수 있으므로 신생아 결막염 예방이 필요하다.
① 에스트로겐 감소로 인해 발생하는 노인성 질염의 간호중재이다.
② 트레포네마 팔리둠균은 매독균에 해당한다. 임질은 임균에 의해서 발생하는 성병이다.
⑤ Ceftriaxone, Erythromycin을 투여하고 부부가 함께 치료하며 치료기간 중 성생활은 금지한다.

| 13 | 과목 | 기본간호학 | 난이도 | ●●○ | 정답 | ④ |

③④ 잠금장치가 있어 과다한 용량이 투여되는 것을 예방할 수 있고 혈청 마약수준을 일정하게 유지하여 지속적인 진통효과가 있다.
①⑤ 통증 호소 시 대상자가 직접 버튼을 누르면 한 단위의 용량이 주입된다. 따라서 대상자가 간호사 없이도 스스로 약물을 투여함으로써 통증을 조절할 수 있다. 수술 후 통증, 분만통과 같은 급성 통증에 사용하며 의식이 없는 대상자에게 사용하는 것은 적절하지 않다.
② 마약성 진통제의 부작용으로 호흡억제가 발생할 수 있다. 이외에도 구토, 변비, 오심, 요정체가 발생할 수 있어 부작용 및 주의사항에 대한 대상자 교육이 필요하다.

PLUSTIP 자가 조절 진통장치(PCA)

펌프를 이용하여 정맥에 마약성 진통제를 주입할 수 있는 장치이다. 대상자가 필요할 때 스스로 버튼을 눌러 약물을 투여할 수 있으며 과다한 용량 투여를 막기 위해 일정 횟수 이상 투여되지 않도록 잠금장치가 되어있다.

| 14 | 과목 | 기초의학 | 난이도 | ●●○ | 정답 | ③ |

③ 자간전증의 경우 부종, 두통, 희미한 시야 등의 증상이 나타난다.
① 감염이 있는 경우 오한이나 발열 증상이 나타난다.
② 임신오조증이 있는 경우 구토가 지속적으로 나타난다.
④ 조기진통이 있는 경우 증상은 하복부에 동통이 있다.
⑤ 조기 양막파열이 있는 경우 질에서 액체가 유출되는 증상이 나타난다.

| 15 | 과목 | 기본간호학 | 난이도 | ●●○ | 정답 | ① |

① 기관절개를 하고난 직후에는 커프는 12시간이 지난 이후에 이완을 진행해야 한다.
② 커프의 압력이 지속되는 경우 괴사, 부종 등이 유발될 수 있으므로 일정시간 간격으로 확인한다.
③ 금연을 하는 것이 치료에 도움이 된다.
④ 구강 안에 분비물이 하부기도로 내려가서 감염되는 것을 예방하기 위해 구강간호를 진행한다.
⑤ 과산화수소는 단백질 유리에 도움이 되기 때문에 과산화수소를 사용하여 내관을 세척한다.

| 16 | 과목 | 기본간호학 | 난이도 | ●●○ | 정답 | ② |

② **칼슘 알지네이트** : 삼출물의 흡수가 뛰어나며 삼출물을 흡수해 상처의 표면에 젤을 형성한다. 지혈성분을 포함하고 있어 지혈작용을 하며 상처의 회복을 돕는다.
① **거즈드레싱** : 흡수가 잘되나 상처를 사정할 수 없고 피부가 거즈에 달라붙는 단점이 있다.
③ **투명필름 드레싱** : 상처를 관찰하기 쉬우나 흡수가 잘되지 않기 때문에 삼출물이 많은 상처에는 적절하지 않다.
④ **하이드로 콜로이드** : 공기와 물을 통과시키지 않는 폐쇄성, 흡수성 밀폐드레싱으로 상처의 건조와 감염을 예방하여 상처의 치유를 촉진한다.
⑤ **하이드로 겔** : 상처 부위에 수분을 제공하여 상피세포와 육아조직의 손상 없이 자연분해를 촉진한다.

| 17 | 과목 | 기본간호학 | 난이도 | ●●○ | 정답 | ⑤ |

⑤ NREM 수면 단계 중 4단계에서 나타나는 특징으로 깨어나기 매우 어려운 깊은 상태의 수면이다. 성장호르몬 분비, 조직재생, 단백질 합성 등이 일어나고 몽유병, 잠꼬대, 야뇨증이 나타난다.

PLUSTIP 렘(REM) 수면

㉠ 전체수면의 20 ~ 25%를 차지하며 안구운동이 빠르게 일어나고 뇌파활동이 활발한 수면상태이다.
㉡ 렘(REM) 수면 기간에는 자율신경계 활동의 항진으로 호흡, 맥박, 혈압이 증가하고 근육이 이완된다.
㉢ 대부분 생생한 꿈을 꾸며, 잠에서 깨고 나면 꿈을 기억한다.

| 18 | 과목 | 기본간호학 | 난이도 | ●●○ | 정답 | ③ |

요추천자는 요추 3, 4번과 요추 4, 5번 사이 척수의 지주막하강에 바늘을 삽입하여 뇌척수액을 채취하는 검사이다. 검사 시에는 옆으로 누워 무릎을 굽히고 턱이 가슴에 닿도록 고개를 앞으로 숙여 바늘이 쉽게 들어가도록 한다. 검사 종료 후에는 6 ~ 12시간 동안 베개를 베지 말고 앙와위로 누워있도록 한다. 이는 뇌척수액 유출을 방지하여 두통의 발생을 예방하기 위함이다. 또한, 뇌척수액의 재생을 촉진하기 위해 검사 후 수분 섭취를 격려한다.

| 19 | 과목 | 기본간호학 | 난이도 | ●○○ | 정답 | ② |

①② 냉요법은 모세혈관을 수축시켜 통증과 부종을 감소시키고 염증 반응을 감소시킨다.
③④ 냉요법은 근육을 수축시키고 조직의 대사를 감소시킨다. 온요법은 근육을 이완시켜 근육통을 완화시킨다.
⑤ 온요법은 모세혈관을 확장시켜 혈액순환을 촉진시킨다.

| 20 | 과목 | 기본간호학 | 난이도 | ●●○ | 정답 | ③ |

③ 경장영양 전에 잔여량을 확인하였을 때 위잔여량이 75 ~ 100cc인 경우 영양액을 공급하지 않고 의사에게 보고한다. 흡인하였을 때 75cc 이하인 경우 흡인액을 다시 넣고 물을 30cc 정도 넣은 후 경장영양을 실시한다.

PLUS TIP 영양액 주입

㉠ 영양액은 체온과 비슷한 온도로 공급한다. 너무 차거나 뜨거운 영양액은 오한, 장경련을 일으키고 소화액의 분비를 감소시킨다.
㉡ 영양액을 공급하기 전 반드시 위장관 튜브의 위치를 확인한다.
㉢ 영양액을 주입하기 전과 후에 소량의 물을 주입하여 관을 세척하고 막히지 않도록 한다.
㉣ 영양액 주입 전 유효기간을 확인하고 제조 후 24시간이 지난 영양액은 폐기한다.
㉤ 영양액 주입 전과 후에 역류, 기도흡인을 예방하기 위해 좌위, 반좌위를 취해준다.
㉥ 중력을 이용하여 30cm 높이에서 영양액을 천천히 주입한다.

| 21 | 과목 | 기초의학 | 난이도 | ●○○ | 정답 | ⑤ |

산모의 정상 질식 분만을 결정하는 요소는 산과적결합선과 좌골극 간 경선으로 골반강의 양쪽 좌골극 간 경선이 10cm 이상이어야 아두가 골반강을 통과할 수 있다. 9.5cm 이하 시 난산, 8cm 이하 시 제왕절개를 해야 한다.

| 22 | 과목 | 간호학 | 난이도 | ●●○ | 정답 | ② |

Cyclosporine은 면역억제제로 신장, 간, 심장, 폐, 췌장 등의 장기이식이나 골수이식 후 거부반응을 예방하기 위해 투약한다. 하루 두 번 일정한 시간에 복용하고 정기적으로 혈중농도를 검사하여 복용 용량을 결정한다. 약물의 효과 및 부작용이 증가할 수 있어 자몽주스나 자몽의 복용은 금한다.

| 23 | 과목 | 기초의학 | 난이도 | ●●○ | 정답 | ⑤ |

⑤ Atropine, Glycopyrrolate, Scopolamine은 항콜린제로 구강과 호흡기계의 분비물을 감소시켜 전신마취 전 기관 내 삽관을 용이하게 하고 서맥을 예방하기 위해 투약한다.
① 수술 후 오심과 구토를 방지하기 위해 항구토제를 투약한다.
② 불안감을 감소시키고 진정을 유도하기 위해 Benzodiazepines와 같은 진정제를 투약한다.
③ 수술 종류와 대상자의 상태에 따라 수술 전 예방적 항생제를 투약한다.
④ 생리적 스트레스 상황인 수술로 인해 위 - 십이지장 궤양이 발생하는 것을 예방하기 위해 위산 생성을 줄여주는 히스타민 수용체 길항제를 투약한다.

| 24 | 과목 | 기초의학 | 난이도 | ●●○ | 정답 | ④ |

연수 근처에 있는 중추성 화학수용체는 뇌척수액 내 pH와 이산화탄소 농도에 따라 호흡중추를 조절한다. 혈중 이산화탄소 농도가 증가하면 pH가 감소하고 호흡이 증가한다. 말초성 화학수용체는 대동맥궁의 대동맥소체와 경동맥 근처 경동맥소체에 있다. COPD 환자의 경우 만성적으로 이산화탄소 농도가 높기 때문에 말초성 화학수용체에 의해 호흡수를 증가시킨다. 말초성 화학수용체는 혈중 산소 농도가 저하되면 호흡흥분을 호흡중추로 보내 호흡수를 증가시킨다. 만일 COPD 환자에게 고농도의 산소 공급 시 호흡 자극원이 제거되어 무호흡을 초래할 수 있다.

| 25 | 과목 | 간호학 | 난이도 | ●●○ | 정답 | ④ |

당뇨성 케톤산증은 인슐린 부족으로 당분, 지방, 단백질의 분해가 증가하여 발생한다. 대표적인 증상은 탈수, 전해질 손실, 산증이다. 인슐린이 부족하면 간에서 글리코겐이 포도당으로 분해되고 과다한 포도당을 제거하기 위해 고삼투성 이뇨가 발생한다. 삼투성 이뇨로 전해질 손실과 탈수가 나타난다. 또한 인슐린 부족으로 지방분해가 촉진되어 케톤체가 생성되고 대사성 산증이 발생한다.

PLUS TIP 당뇨성 케톤산증의 치료

㉠ **탈수 교정**: 0.9% 생리식염수를 빠른 속도로 정맥 주입한다. 고나트륨, 고혈압, 울혈성 심부전 대상자에게는 0.45% 생리식염수를 주입한다. 활력징후를 자주 측정하고 섭취량 배설량을 확인한다.
㉡ **전해질 손실 보충**: 정맥 수액에 포타슘을 섞어 심전도를 모니터하며 서서히 공급한다.
㉢ **산증 교정**: 속효성 인슐린을 정맥을 통해 일정한 속도로 천천히 주입하고 자주 혈당을 측정한다.

| 26 | 과목 | 간호학 | 난이도 | ●○○ | 정답 | ④ |

④ **취소**: 과거의 어떤 행동으로 되돌아가 고치는 것이다.
① **억제**: 용납할 수 없는 생각이나 충동을 의식적으로 잊고자 하는 것이다.
② **전치**: 감정이 왜곡되어 다른 대상에게 감정을 옮기는 것이다.
③ **퇴행**: 갈등을 피하기 위해 이전 발달단계로 되돌아가는 것이다.
⑤ **반동형성**: 용납할 수 없는 감정이나 행동을 반대로 표현하는 것이다.

| 27 | 과목 | 기초의학 | 난이도 | ●●○ | 정답 | ③ |

③ 알도스테론 분비의 감소로 포타슘 배출이 저하되어 고칼륨혈증과 산증이 발생한다.
① 지방의 비정상분포로 만월형 얼굴이 나타나는 것은 쿠싱증후군의 증상에 해당한다.
② 부신피질기능저하증(Addison's disease)에서는 저혈당이 나타난다.
④ 소듐과 수분배출이 증가하여 저나트륨혈증이 발생하고 체액량 결핍으로 고칼슘혈증, 탈수증상, 저혈압이 나타난다.
⑤ 체액량 결핍으로 심한 저혈압과 오심, 구토, 복통, 설사, 발열, 청색증, 식욕부진을 동반한다.

| 28 | 과목 | 간호학 | 난이도 | ●●○ | 정답 | ① |

① 현훈을 호소할 경우 눈을 감고 침상안정을 취하도록 하고 베개로 머리양쪽을 지지한다.
②⑤ 내림프액의 감소를 위해 염분, 카페인, 설탕, 알코올 섭취를 제한한다.
③④ 증상 발생을 막기 위해 병실의 조명을 어둡게 하고 소음 발생은 피한다.

PLUS TIP 메니에르병

㉠ **정의**: 막미로의 확장, 내림프액의 생산증가 및 흡수 저하로 발생하는 내이장애다. 보통 편측에서 시작하여 양측으로 진행하기도 한다.
㉡ **증상**: 대표적인 3대 증상은 '현훈, 이명, 감각신경성 난청'이며 오심, 구토, 귀의 충만감, 균형 장애를 동반하기도 한다.
㉢ **치료방법**: Nicotinic과 항히스타민제, 항현훈제, 항콜린제, 진정제, 이뇨제를 투약한다. 내과적 치료에도 불구하고 증상이 지속될 경우 미로절제술이나 신경절제술을 고려한다.
㉣ **간호중재**: 낙상예방 및 안전한 환경을 위해 침상높이를 낮추고 침상난간을 올린다. 높은 곳에 오르는 것을 금한다.

| 29 | 과목 | 기초의학 | 난이도 | ●●○ | 정답 | ④ |

④ 병변이 사라지고 난 이후에 포진 후 신경통이 있다. 수포 없이 통증이 발생하는 경우가 있다.
①② 수두-대상포진 바이러스(varicella-zoster virus)가 소아기 때 수두를 발생시키고 신경 주위에 무증상으로 있다가, 면역기능이 떨어지면서 유발한다.
③ 피부 병변이 특징적으로 나타난다. 발진, 수포, 농포, 가피 등의 단계가 산재된 양상으로 나타난다.
⑤ 항바이러스제이다. 단순포진 바이러스, 대상포진 바이러스 감염증을 치료한다.

| 30 | 과목 | 간호학 | 난이도 | ●○○ | 정답 | ① |

유방절제술을 한 경우 액와 림프절과 림프관의 제거로 림프부종이 발생할 수 있다. 수술 부위의 정맥과 림프액의 정체를 예방하기 위해 수술한 쪽의 팔을 베개로 받쳐 팔꿈치를 어깨보다 높게 올려준다.

| 31 | 과목 | 간호학 | 난이도 | ●●● | 정답 | ② |

② 병리적 황달은 황달이 출생 24시간 내 발생하거나 황달이 10 ~ 14일 이상 지속되는 경우로, 혈청 빌리루빈 수치가 12mg/dL 이상이다. 생리적 황달은 생후 2 ~ 4일 사이에 나타나는 황달로 7일 내 자연 소실하며 혈청 빌리루빈 수치가 5mg/dL 이상이다.
① 대리석양 피부는 피부가 냉기에 노출되면 일시적으로 전신에 나타나는 얼룩덜룩한 반점이다.
③ 할리퀸 증상은 신생아를 옆으로 뉘일 때 몸의 중앙선을 경계로 바닥에 닿은 부분이 붉고 윗부분은 창백한 상태로 일시적인 증상이다.
④ 태지는 자궁 내에서 피부를 보호하기 위해 피부에 덮인 회백색의 치즈 같은 물질로 2 ~ 3일 후에 자연 소실된다.
⑤ 몽고인 반점은 둔부에 나타나는 불규칙한 푸른색의 반점으로 자연 소실된다.

| 32 | 과목 | 간호학 | 난이도 | ●●○ | 정답 | ⑤ |

⑤ 곡류, 계란, 과일, 우유 등은 저퓨린 식품에 해당한다. 퓨린 함량이 높으면 요산이 체내에서 증가하므로 고퓨린 식품 섭취는 피해야 한다.
① 신석 형성을 예방하기 위해 수분 섭취를 격려한다.
② 냉습포를 적용한다.
③ 요산 축적을 방지하기 위해 아스피린 복용을 금지한다.
④ 절대안정을 취하도록 한다.

| 33 | 과목 | 간호학 | 난이도 | ●●○ | 정답 | ① |

① 하루 1,500mg 이상의 칼슘을 섭취한다. 칼슘이 풍부한 음식에는 우유, 치즈, 녹황색 채소, 멸치 등이 있다. 칼슘의 흡수를 돕기 위해 비타민 D의 적절한 섭취도 중요하다. 햇빛에 자주 노출시키고 집에만 있는 경우 곡류, 달걀, 버터, 간유와 같은 비타민 D가 풍부한 음식을 섭취한다.
② 장기간의 부동 상태는 골 형성을 억제하고 골 흡수를 증가시키기 때문에 근력강화운동이나 체중부하운동을 격려한다. 낙상으로 인한 골절을 예방하기 위해 침상 난간을 올리고 안전한 환경을 제공한다.

③ 단단한 매트리스를 사용하도록 한다.
④ 볼링이나 승마와 같은 운동은 척추에 부담을 주기 때문에 피한다.
⑤ 고단백 식이는 뼈에서 칼슘 배설을 증가시키므로 적절한 양의 단백질을 섭취한다.

34

과목	간호학	난이도	●●○	정답	④

④ 생검 후 출혈을 예방하기 위해 생검 부위에 압박드레싱을 시행하고 생검 이후에 4시간 동안 앙와위 상태를 유지한다. 활력징후를 자주 측정하고 천자부위를 관찰하며 24시간 동안은 침상안정을 한다. 또한 생검 후 첫 24시간 동안 혈뇨를 볼 수 있으며 혈뇨를 확인하기 위해 소변검사를 시행한다.
① 생검을 하는 동안 움직임을 최소화하기 위해 엎드린 자세에서 심호흡 한 후에 그대로 유지한다.
② 생검 후 혈전 형성과 소변정체를 예방하고 검체를 쉽게 수집하기 위해 수분 섭취를 격려한다.
③⑤ 복압을 상승을 예방하기 위해서 생검 후 첫 4시간 동안은 기침을 피하고, 2주 동안은 무거운 물건을 들거나 고강도 운동이나 격렬한 활동을 피한다.

35

과목	간호학	난이도	●○○	정답	③

③ 임신의 확정적 징후는 초음파에 의한 태아 확인(6주 이후), 검진에 의한 태아 움직임 확인(20주 이후), 태아 심박동(doppler : 10 ~ 12주, 청진기 17 ~ 18주)이 있다.
①② 임신의 추정적 징후는 주로 임부에게 느껴지는 신체변화이다. 무월경, 오심, 구토, 입덧, 유방 팽만, 피로, 첫 태동, 빈뇨가 해당된다.
④ Goodell's sign은 임신 6 ~ 8주 나타나는 자궁경부의 연화로 임신의 가정적 징후다.
⑤ Chadwick's sign은 임신 8주, 질 벽과 질 전정의 자청색 변화로 임신의 가정적 징후다.

36

과목	간호학	난이도	●●○	정답	②

② Isoniazid : 1차 항결핵 약제로 말초신경염 예방을 위해 Pyridoxine을 투여한다.
① Rifampin : 소변, 객담, 땀, 눈물 등 분비물색이 오렌지색으로 변색될 수 있음을 알려준다.
③ Ethambutol : 부작용으로 시신경염이 발생할 수 있어 투약 전 시력과 색깔 판단력 검사를 시행한다.
④ Pyraxinamide : 간독성, 고요산혈증의 부작용이 있어 요산검사와 간 기능 검사를 시행한다.
⑤ Cycloserine : 2차 항결핵 약제로 신경독성 예방을 위해 Pyridoxine을 투여한다.

| 37 | 과목 | 간호학 | 난이도 | ●●○ | 정답 | ⑤ |

① Murphy's sign : 담낭염에서 우측 늑골아래를 촉진 시 공기를 깊게 흡입하면 통증이 증가한다.
② 배꼽주위 피하출혈 : 췌장염에서 나타나는 Cullen's sign이다.
③ 옆구리 부위 피하출혈 : 췌장염에서 나타나는 Tuner's sign이다.
④ 우측 어깨로 방사되는 통증 : 담낭염의 통증은 대개 우측 어깨나 견갑골로 방사된다.

PLUSTIP 급성 충수염 증상

급성 충수염의 통증은 복부중앙에서 시작하여 나중에는 McBurney point에서 반동성 압통이 나타난다. 반동성 압통은 McBurney point를 손으로 눌렀다 뗄 때 나타나는 통증을 의미한다. 발열, 오심, 구토, 식욕부진, 설사를 동반할 수 있다.

| 38 | 과목 | 간호학 | 난이도 | ●●○ | 정답 | ⑤ |

①⑤ 식사 시 머리와 목을 약간 구부리고 똑바로 앉는 자세를 취해주어 흡인을 예방하고 연하를 촉진한다.
② 구강 안쪽 깊숙이 음식을 넣어주고 마비되지 않은 쪽으로 음식을 씹도록 한다.
③ 물과 같은 액체음식보다는 연식이나 반연식과 같은 걸쭉한 음식을 제공한다. 물을 제공할 때는 빨대 사용을 제한하고 조금씩 먹도록 한다.
④ 지나치게 뜨겁거나 차가운 음식은 준비 없이 삼킬 가능성이 있어 제한하고 미지근한 음식을 제공한다.

| 39 | 과목 | 간호학 | 난이도 | ●○○ | 정답 | ② |

아나필락시스는 제1과민반응 중 치명적인 상태로 기관지 협착, 심박출량 감소, 혈관확장이 일으킨다. 혈관확장은 모세혈관 투과성을 증가시켜 저혈압, 빠르고 약하며 불규칙한 맥박이 나타난다. 혈관 내 용액이 감소한 쇼크 상태에서는 생리식염수나 혈장증량제를 정맥으로 투여하고 혈압상승제를 투여한다.

| 40 | 과목 | 간호학 | 난이도 | ●●● | 정답 | ① |

Morphine은 오디괄약근과 췌장의 경련을 유발하기 때문에 통증 조절을 위한 일차약제로 Meperidine(Demerol)을 투여한다. 급성 췌장염 환자는 똑바로 누운 상태에서 통증이 악화되기 때문에 상체를 구부리고 무릎을 굽힌 자세를 취해준다.

41
| 과목 | 간호학 | 난이도 | ●●● | 정답 | ② |

피로, 권태감, 식욕부진, 창백함, 기억력 감소, 사지의 무감각과 저림은 비타민 B12 결핍성 빈혈의 대표적인 증상에 해당한다. 비타민 B12 결핍성 빈혈은 악성 빈혈이라 하며, 위 점막의 위축으로 인해 위벽세포에서 분비되는 내적인자가 분비되지 않아 발생한다. 내적인자는 비타민 B12와 결합하여 회장에서 비타민 B12가 흡수되도록 돕는다. 악성 빈혈의 원인은 위벽세포의 손실, 위암, 위절제술, 회장에서 비타민 B12 흡수장애 등이다. 비타민 B12가 결핍되면 적혈구 막이 얇아져 적혈구가 쉽게 파괴되기 때문에 빈혈이 발생하게 된다. 악성 빈혈은 평생 비타민 B12를 투여해야 하며 비타민 B12가 많이 함유된 쇠고기, 닭고기, 계란, 우유, 간, 내장 등을 섭취하도록 교육한다.

42
| 과목 | 간호학 | 난이도 | ●●○ | 정답 | ③ |

① **개별적 요구 존중**: 간호사는 간호대상자의 관습, 신념 및 가치관에 근거한 개인적 요구를 존중하여 간호를 제공한다.
② **사생활 보호 및 비밀 유지**: 간호사는 간호대상자의 사생활을 보호하고, 비밀을 유지하며, 간호에 필요한 정보 공유만을 원칙으로 한다.
④ **취약한 대상자 보호**: 간호사는 취약한 환경에 처해 있는 간호대상자를 보호하고 돌본다.
⑤ **간호표준 준수**: 간호사는 모든 업무를 대한간호협회 업무 표준에 따라 수행하고 간호에 대한 판단과 행위에 책임을 진다.

43
| 과목 | 간호학 | 난이도 | ●○○ | 정답 | ⑤ |

①③ 1차 예방에 대한 설명이다.
②④ 3차 예방에 대한 설명이다.

44
| 과목 | 간호학 | 난이도 | ●○○ | 정답 | ④ |

④ 건성 흉막염은 흡기 시 흉막이 마찰하여 통증이 악화되고 숨을 멈추면 통증이 완화된다.
⑤ 건성 흉막염 초기에 흉막 마찰음을 들을 수 있다. 후기에 흉막 삼출액이 증가하면 마찰음이 사라진다.

> **PLUS TIP 건성 흉막염**
>
> 흉막 삼출액이 없는 흉막 염증상태이다. 호흡 시 흉막이 마찰하여 옆구리의 칼로 찌르는 듯한 날카로운 통증이 발생하고 통증은 심호흡, 기침, 흡기 시 악화된다. 통증으로 인해 얕고 빠른 호흡을 하며 고열, 전신 쇠약감이 있다.

45

| 과목 | 간호학 | 난이도 | ●○○ | 정답 | ② |

② 혈소판이 감소한 경우 출혈경향이 증가하므로 출혈증상을 관찰하고 출혈을 예방해야 한다. 손상을 예방하기 위해 침대난간에 패드를 대어주고 과격한 운동이나 발치는 제한한다. 면도를 할 때는 전기면도기를 사용하고 보행 시 편안하고 튼튼한 신발을 신도록 한다. 코를 세게 풀거나 후비지 않도록 한다.

①④ 직장체온 측정, 근육주사, 좌약, 관장, 탐폰이나 질정 사용을 피한다.

③ 부드러운 칫솔을 사용하여 구강간호를 시행하고 출혈 위험이 높은 경우 생리식염수로 구강을 세척한다.

⑤ 아스피린과 항응고제는 출혈경향을 증가시키므로 사용을 제한하고 발열 시 아세트아미노펜을 투약한다.

46

| 과목 | 기초의학 | 난이도 | ●●○ | 정답 | ② |

② 양성자펌프 억제제는 위산 생성에 필요한 포타슘, 수소이온, ATPase 효소작용을 감소시켜 위산 분비를 억제한다. 대표적인 약물로는 Omeprazole(Losec, Prilosec)이 있다.

① Sucralfate(Carafate)는 점막보호제로 궤양부위 보호막을 만들어 산이 침투하는 것을 예방한다.

③④ H2 수용체 길항제는 위벽세포에서의 위산분비를 억제한다. 대표적인 약물로는 Nizatidine(Azid), Cimetidine(Tagamet), Ranitidine(Zantac, Curan), Famotidine(Pepcid, Gaster)가 있다.

⑤ Aluminum hydroxide(Amphojel)은 제산제로 위산을 중화시키고 prostaglandin의 합성을 촉진, pepsin의 활동을 감소시키나 장기 복용 시 골다공증, 변비를 유발한다.

47

| 과목 | 간호학 | 난이도 | ●●○ | 정답 | ② |

② 설명하는 증상은 항정신병 약물에 의해서 나타나는 추체외로계 부작용 중에서 급성 근긴장 이상증의 증상에 대한 설명이다.

① 증상은 금방 사라지므로 심한 부작용이 아님을 설명한다.

③ 항파킨슨 약물(benztropine)을 투약한다.

④ 조현병 증상이 악화된 것으로 특정할 수 없기 때문에 증상이 약물 부작용인지 감별한다.

⑤ 식사를 할 때에 기도 내 흡인을 예방하기 위해 좌위 또는 측위를 취해준다.

| 48 | 과목 | 간호학 | 난이도 | ●○○ | 정답 | ① |

① 적신호사건 : 환자 안전 사건 중 의료 대상자에게 심각하고 영구적인 손상을 가져온 사건이다.
② 근접오류 : 의료오류 발생으로 의료 대상자에게 위해의 가능성이 있을 수 있지만 즉각적 중재에 의해 손상이 발생하지 않은 것 또는 예방된 경우를 의미한다.
③ 주의의무태만 : 업무능력이 있는 사람이 주의의무를 다하지 않아 손해를 입히는 것이다.
④ 스위스 치즈모형 : 스위스 치즈의 층은 치즈 구멍들이 일렬로 배열되는 경우 사고가 발생한다는 개념이다. 즉, 여러 잠재적 사고 원인이 동시에 작용하여 사고가 발생한다는 것이다.
⑤ 하인리히 법칙 : 대형사고는 우연히 발생하는 것이 아니라 사고가 발생하기 전 수많은 사고의 전조징후들이 반복해서 나타난 후 발생한다는 법칙이다.

| 49 | 과목 | 기본간호학 | 난이도 | ●○○ | 정답 | ① |

응급실에 내원한 환자의 부상, 질병 정도에 따라 분류하여 치료의 우선순위를 결정한다. 치료의 우선순위가 가장 높은 긴급 상태의 환자는 즉각적인 응급처치를 받아야 생존이 가능한 상태로 기도폐쇄, 호흡부전, 심정지, 개방성 흉부 또는 복부열상, 긴장성 기흉, 연가양 흉곽, 심한 쇼크 및 대량 출혈, 경추손상, 50% 이상의 2 ~ 3도 화상 또는 기도화상 등이다.

| 50 | 과목 | 기초의학 | 난이도 | ●●○ | 정답 | ④ |

④ 췌장에서 분비되는 소화액으로 효소를 운반하는 역할을 한다.
①②③⑤ 위에서 분비하는 소화액에 해당한다.

| 51 | 과목 | 간호학 | 난이도 | ●○○ | 정답 | ④ |

항히스타민제의 가장 흔한 부작용은 졸림과 진정작용이 있다. 투약 후에는 운전이나 중장비 작동, 높은 곳에 올라가는 행동을 삼가도록 한다.

| 52 | 과목 | 간호학 | 난이도 | ●○○ | 정답 | ⑤ |

골절의 치유과정은 '㉠ 혈종 및 육아조직형성→㉢ 가골 형성→㉡ 골화→㉣ 골 강화와 재형성'의 순서로 이뤄진다.

PLUS TIP 골절의 치유과정

- ㉠ **혈종 및 육아조직형성**: 골절부위와 인접한 조직에 혈종이 형성되어 골절된 뼈의 말단에 혈액을 공급한다. 골절 24시간 내 혈종 내 혈액이 응고되어 섬유소 그물망을 형성하고 혈종은 골절 2 ~ 3일 내 육아조직을 형성한다. 괴사된 조직들은 대식작용에 의해 흡수된다.
- ㉡ **골화**: 골절 3 ~ 6주 내 칼슘과 무기질이 침착하여 단단한 진성 가골로 변한다.
- ㉢ **가골 형성**: 손상 6 ~ 10일 내 각종 무기질과 골기질이 유골 내 축적되어 가골을 형성한다. 가골은 정상보다 크고 느슨하여 충격에 쉽게 손상된다.
- ㉣ **골 강화와 재형성**: 과잉 형성되어있던 골조직이 흡수되어 골조직간 거리가 좁혀지고 단단해진다.

| 53 | 과목 | 간호학 | 난이도 | ●●○ | 정답 | ② |

통증자극에 눈을 뜨고(E = 2점), 알아들을 수 없는 신음소리를 내며(V = 2점), 자극에 움츠리고 피하려는 모습을 보임(M = 4점) 따라서 E2V2M4로 GCS 8점이다.

PLUS TIP GCS 사정

점수	눈뜨기 "E" (Eye opening)	언어반응 "V" (Verval response)	운동반응 "M" (Motor response)
6			명령에 따른다.
5		적절하고 지남력이 있다.	통증에 국재성 반응
4	자발적으로 눈을 뜬다.	지남력 없고 혼돈된 대화	통증 자극에 움츠림
3	불러서 눈을 뜬다.	부적절하고 혼돈된 단어	통증에 이상 굴곡반응
2	통증자극에 눈을 뜬다.	이해할 수 없는 소리	통증에 이상 신전반응
1	눈은 뜨지 않는다.	무응답	무반응

| 54 | 과목 | 간호학 | 난이도 | ●○○ | 정답 | ② |

② 뇌하수체항진증 증상에 해당한다.
①③④⑤ 뇌하수체저하증 증상에 해당한다. 이외에 식욕부진, 피로, 두통, 성욕감퇴, 오심, 체중변화 등이 나타난다.

| 55 | 과목 | 기본간호학 | 난이도 | ●○○ | 정답 | ③ |

배설량은 체외로 배출되는 모든 것을 포함한다. 소변, 대변, 설사, 구토, 상처에서 나오는 배액, 심한 발한(옷이나 시트가 젖을 정도), 구강이나 비강 또는 기관 내 흡인, 위흡인액, 배액관을 통한 배액 등이 해당된다.

| 56 | 과목 | 기초의학 | 난이도 | ●●○ | 정답 | ② |

① 비타민 A 부족 시 야맹증, 성장장애, 건조하고 거친 피부가 나타난다.
③ 비타민 B2 부족 시 구강 내 염증, 지루성 피부염이 나타난다.
④ 비타민 B12 부족 시 악성 빈혈, 신경학적 결함, 호모시스테인 수치 상승이 나타난다.
⑤ 비타민 K 부족 시 출혈이 쉽게 발생한다.

| 57 | 과목 | 간호학 | 난이도 | ●●○ | 정답 | ③ |

③ 6세 아동은 학령전기로 연합놀이를 한다. 동일한 놀이에 같이 참여하나 놀이의 목표나 역할이 없는 것은 학령전기 연합놀이에 해당한다.
① 자신의 신체 부위와 손에 닿는 것을 가지고 탐색하는 것은 영아기 단독놀이에 해당한다.
② 다른 아동이 노는 것을 지켜보나 그 놀이에 참여하지는 않는 것은 신생아기의 지켜보는 행동에 해당한다.
④ 다른 아동들 사이에서 같은 장난감을 갖고 놀지만 함께 놀지 않는 것은 유아기 평행놀이에 해당한다.
⑤ 게임에 일정한 규칙이 있고 놀이의 특별한 목표가 있는 것은 학령기 협동놀이에 해당한다.

| 58 | 과목 | 기초의학 | 난이도 | ●●○ | 정답 | ② |

② 대부분의 호르몬은 음성회환체계에 따라 조절되어 호르몬 수준이 정상이면 호르몬 분비를 억제한다. 그러나 월경주기를 조절하는 호르몬인 FSH, LH, Estrogen, Progesteron은 양성회환체계에 따라 조절되며 호르몬의 양이 많아져도 호르몬분비를 억제하는 인자가 방출되지 않는다.

| 59 | 과목 | 기초의학 | 난이도 | ●●● | 정답 | ① |

① 골관절염은 퇴행성 관절 질환이라 하며 관절연골의 퇴행으로 연골이 침식되어 뼈가 관절로 노출되고 관절면의 뼈가 과잉 증식, 비후하여 관절강의 협착이 나타난다.
② 류마티스 관절염은 관절뿐만 아니라 폐, 혈관, 눈, 비장과 같은 다른 장기에도 영향을 미쳐 늑막염, 폐섬유증, 빈혈, 비장비대, 피부궤양, 심근경색증, 심낭염, 안구건조, 공막염 등을 초래한다.
③④⑤ 류마티스 관절염은 IgG항체가 류마티스 인자와 면역복합체를 형성하여 활액낭과 결체조직에서 염증을 유발한다. 류마티스 인자는 활액 내 림프구, 대식세포, 중성구를 유인하여 염증을 심화시키고 연골이 파괴된다. 염증과정에서 나타나는 부종은 활막의 모세혈관을 손상시키고 활막이 두꺼워지게 된다. 치유되지 않은 염증은 판누스라 불리는 섬유성 육아조직을 형성하고 이는 석회화되어 관절을 유합시킨다.

| 60 | 과목 | 기초의학 | 난이도 | ●●● | 정답 | ③ |

① 뇌실의 맥락총 세포에서는 뇌척수액을 생산한다.
② 슈반세포는 수초를 생산한다.
④ 뇌신경은 12쌍이다.
⑤ 간뇌는 시상과 시상하부를 가지고 있어 정서에 영향을 준다. 청각과 시각을 전달하는 것은 중뇌에 해당한다.

제 03 회 정답 및 해설

1	2	3	4	5	6	7	8	9	10
①	①	①	②	⑤	①	①	⑤	②	①
11	12	13	14	15	16	17	18	19	20
⑤	②	③	⑤	②	③	⑤	③	①	③
21	22	23	24	25	26	27	28	29	30
②	④	③	③	④	②	③	③	①	④
31	32	33	34	35	36	37	38	39	40
②	⑤	④	②	①	③	④	②	③	③
41	42	43	44	45	46	47	48	49	50
②	②	②	③	②	③	⑤	③	④	③
51	52	53	54	55	56	57	58	59	60
①	②	①	⑤	②	⑤	④	①	②	④

1

과목	기본간호학	난이도	●○○	정답	①

① **신선동결혈장** : 모든 혈장 단백질과 응고인자로 구성되어 있다. 혈액응고인자를 공급하고 혈액량 보충을 위한 혈액으로, 적혈구가 존재하지 않기 때문에 교차시험과 혈액형 검사를 하지 않고 수혈이 가능하다.

② **전혈** : 적혈구, 혈소판, 혈장으로 구성되어 있다. 대량으로 출혈이 발생하여 혈액량을 보충하고 산소운반능력이 필요한 경우에 사용한다.

③ **농축적혈구** : 적혈구로 구성되어 있다. 면역글로불린이나 응고인자가 성분에 포함되지 않은 혈액으로 빈혈이 있는 경우에 사용한다.

④ **혈소판** : 혈소판으로만 구성되어 있다. 급성 백혈병에 사용하는 혈액으로 혈소판 기능 이상에 사용한다.

⑤ **백혈구 제거 혈액** : 백혈구가 제거된 혈액이다. 수혈로 발생할 수 있는 발열성 비용혈성 수혈반응과 HLA 동종면역을 예방할 수 있다.

| 2 | 과목 | 기본간호학 | 난이도 | ●●○ | 정답 | ① |

② 열량 대사에 중요하게 관여한다. 체내의 에너지 생성에 도움을 주며, 결핍되면 구강 염증, 안구충혈, 피로감 등이 나타난다. 고용량을 섭취하여도 노란색 소변 이외의 부작용은 밝혀지지 않았다.
③ 결핍하면 피부염, 설사, 치매가 대표적인 증상으로 나타난다. 고용량을 복용하면 두통, 근육경련, 부정맥, 간질환이 발생할 수 있다.
④ 적혈구 생성과 면역계 활성화에 도움을 준다. 세로토닌, 도파민, 노르에피네프린, 에피네프린 신경전달물질의 합성에 필요하다.
⑤ 동물성 식품에만 존재하는 것으로 정상적인 엽산의 대사에 필요하다.

| 3 | 과목 | 기본간호학 | 난이도 | ●●○ | 정답 | ① |

① 감염증 치료 시 항생제 감수성 시험에 근거하여 감수성 있는 항생제로 치료한다.
②③ 의료기구의 소독·멸균을 철저히 시행하며 침습적 시술 시 무균술을 준수한다.
④ VRSA(반코마이신내성황색포도알균)는 직·간접 접촉 및 오염된 의료기구, 환경 등을 통해 전파되며, 감염 전파 예방을 위한 손 씻기 등의 표준주의 및 접촉주의 준수한다.
⑤ 의료기관에서는 환자 격리, 접촉주의, 철저한 개인보호구 사용, 접촉자 검사 등을 통해 확산을 방지한다.

| 4 | 과목 | 간호학 | 난이도 | ●●○ | 정답 | ② |

①③④ 전방순환을 하는 동맥이다. 전방순환에는 내경동맥, 중간대뇌동맥, 앞대뇌동맥, 전교통동맥이 있다. 후방순환에는 척추동맥, 뇌바닥동맥, 후대뇌동맥, 후교통동맥이 있다. 윌리스환에서 후교통동맥이 전방순환과 후방순환을 연결한다.

| 5 | 과목 | 기본간호학 | 난이도 | ●●○ | 정답 | ⑤ |

⑤ 저혈량성 쇼크의 원인으로는 체순환 혈액량 감소, 출혈, 탈수, 요붕증 등이 있으며 수축기 혈압 저하, 빈맥, 빈호흡, 핍뇨, 불안, 초조, 차고 축축한 피부 등의 증상이 나타난다. 정상호흡수는 16 ~ 20회/min이다.

| 6 | 과목 | 기본간호학 | 난이도 | ●●○ | 정답 | ① |

① 에어 매트리스를 적용하여 특정한 부위에 압력이 집중되는 것을 예방한다.
② 피부에 힘을 가하면 조직 허혈이 발생하므로 마사지를 금한다.
③ 고단백, 고비타민을 공급하여 조직 재생과 치유를 촉진한다.
④ 도넛베개는 국소 압력을 증가시키므로 사용을 금한다.
⑤ 2시간마다 체위 변경이 필요하며 이때 끌지 않고 들어 올려야 한다.

7

| 과목 | 간호학 | 난이도 | ●●○ | 정답 | ① |

② 치매는 완치가 아닌 완화가 목적이다.
③ 자극이 적은 환경에서 서두르지 않고 온화한 의사소통을 해야 한다.
④ 억제대로 인해 환자가 심한 손상을 입을 수 있다.
⑤ 환자가 그림자에 놀라지 않도록 적당한 조명을 사용한다.

8

| 과목 | 간호학 | 난이도 | ●●○ | 정답 | ⑤ |

⑤ 청결하지 않은 환경에서는 투석액을 교환하면 복막염이 발병할 수 있다. 배액된 투석액이 혼탁하다면 복막염 초기 증상이다.
①②③④ 혈액투석에 대한 설명이다.

> **PLUS TIP** 혈액 투석과 복막투석

구분	혈액투석	복막투석
치료시간	약 3 ~ 4시간으로 짧다.	약 10 ~ 14시간으로 길다.
관리	전문적인 장비와 전문가가 필요하다.	투석 방법을 교육받고 스스로 관리가 가능하다.
합병증	공기 색전, 저혈압, 투석 불균형 증후군	복막염, 탈장, 장 천공 등
식이	• 양질의 단백질 섭취 • 염분 · 수분 섭취 제한 • 포타슘(칼륨) · 인 섭취 제한	양질의 단백질 섭취
간호	• 동정맥루 시술 후 한 달 이후에 투석을 진행한다. • 투석 후 저혈압, 오심, 두통, 구토 등의 부작용을 확인한다. • 동정맥루에서 진동과 잡음을 측정한다. • 동정맥루 부위에 무거운 물건과 압박을 주지 않도록 한다.	• 복막투석 방법을 교육한다. • 도관 삽입 후에 상처가 치유되면 투석을 시도한다. • 투석 중에는 반좌위를 한다. • 통목욕은 금물이지만 흐르는 물로 샤워는 가능하다.

9

| 과목 | 기본간호학 | 난이도 | ●○○ | 정답 | ② |

①③④⑤ Epinephrine, 만성폐쇄성폐질환(COPD), 출혈, 앉거나 선 자세는 맥박을 감소시킨다.

> **PLUS TIP** 맥박수

맥박은 심장의 동방결절을 통해 자율신경계통에 의해 조절된다. 교감신경 자극에 의해 심장박동과 심근수축력이 증가하고, 부교감신경 자극에 의해 심장박동과 심근수축력은 감소한다. 맥박수는 연령이 증가함에 따라 점차 감소하며 체온이 상승하면 대사가 증가하여 맥박수가 증가한다.

| 10 | 과목 | 간호학 | 난이도 | ●●○ | 정답 | ① |

월경통(Dysmenorrhea) 간호로는 프로스타글라딘 억제제(NSAIDs), 진통제, 경구피임약 투여가 있다. 간단한 스트레칭과 국소 온열법, 저염식 식단, 더운물 목욕, 충분한 수면 등을 병행하는 것이 좋다.

PLUS TIP 월경통(dysmenorrhea)

㉠ 정의 : 골반 내에 이상 없이 월경을 할 때 발생하는 통증에 해당한다.
㉡ 원인 : 자궁내막에 프로스타글란딘의 생성이 증가하면서 나타난다. 일차성 월경통은 프로스타글란딘 생성효소를 억제하면서 치료가 가능하다.
㉢ 증상 : 자궁 근육이 과도하게 수축하여 요추천추 부위의 통증이 나타나기도 하고 구토, 설사 등의 증상이 나타나기도 한다.
㉣ 치료 : 비스테로이드성 항염증제(NSAIDs)를 투약한다.

| 11 | 과목 | 기본간호학 | 난이도 | ●○○ | 정답 | ⑤ |

⑤ 세포내액의 특징이다. 세포외액량이 과다하면 부종이 나타난다.

| 12 | 과목 | 간호학 | 난이도 | ●●○ | 정답 | ② |

② 청결유지를 위해 세안을 한다.
①③④⑤ 눈의 빠른 움직임을 줄여서 휴식을 취하게 하기 위함이다.

PLUS TIP 망막박리(Retinal detachment)

㉠ 정의 : 안구 안을 덮은 망막층이 안구 벽에서 떨어진 상태이다.
㉡ 증상 : 통증 없이 갑자기 발생한다. 광시증과 날파리증이 나타난다. 망막박리가 확대되면서 시력장애가 나타난다. 시력은 점차적으로 악화되며 커튼이나 검은 구름 등이 있는 것처럼 보인다.
㉢ 수술 후 간호 : 망막이 잘 붙기 위한 안전간호를 진행한다. 머리에 손상을 주지 않기 위해 기침이나 재채기는 제한하고 움직임을 줄이도록 한다. 눈 관리를 위해 완전한 휴식상태를 유지하고 항생제와 스테로이드가 합성된 안약을 점적한다. 또한 눈을 휴식시키기 위해 모양근 마비제를 투여한다. 오심, 구토, 통증과 같은 증상을 호소하면 진통제를 투여한다.

| 13 | 과목 | 간호학 | 난이도 | ●○○ | 정답 | ③ |

③ 피부자극을 줄일 수 있도록 중성비누를 사용하여 세안을 한다.
② 염증을 더욱 유발할 수 있으므로 피하는 것이 좋다.
④ 세안을 과다하게 하는 경우에 피부건조를 유발할 수 있다.
⑤ 적절한 운동과 외부활동이 필요하다.

| 14 | 과목 | 기본간호학 | 난이도 | ●●● | 정답 | ⑤ |

⑤ 헤파린, 와파린 모두 항응고 효과로 혈전 형성을 예방하기 위해 투약한다. 과량으로 와파린 투여 시 비타민 K를, 과량으로 헤파린 투여 시 프로타민을 투여한다.
① 응고인자의 합성과정에 필요한 비타민 K는 간내 효소에 의해 활성화 되는데 와파린은 간내 효소를 억제함으로써 혈액응고를 막는다.
② 헤파린은 항트롬빈을 활성화시켜 트롬빈과 응고인자들을 억제하여 혈액응고를 막는다.
③ 와파린은 경구로 복용하고 헤파린은 정맥이나 피하로 투여한다. 와파린은 치료 용량에 이르기까지 시간이 오래 걸리지만 치료 효과는 오래 유지된다.
④ aPTT는 내인성 응고기전의 결핍을 검사하는 것으로 헤파린은 aPTT에 의해 약물 농도를 확인한다. INR은 외인성 응고기전의 결핍을 검사하는 것으로 와파린은 INR을 통해 약물 농도를 확인한다.

| 15 | 과목 | 간호학 | 난이도 | ●●○ | 정답 | ② |

② 아스피린(Aspirin) : 천식을 유발하는 원인이 될 수 있다.
① 크로몰린 나트륨(Cromolyn Sodium) : 비스테로이드성 항염증제로 기도 내 염증을 가라앉힌다.
③ 에피네프린(Epinephrine) : 기관지 천식 발작을 완화한다.
④ 코르티코스테로이드(Corticosteroid) : 항염증제제이다.
⑤ 알부테롤(Albuterol) : 기도 근육을 이완시키고 기관지를 확장시킨다.

| 16 | 과목 | 기초의학 | 난이도 | ●○○ | 정답 | ③ |

③ 아라키돈산의 대사물에는 프로스타글란딘, 류코트리엔이 있다. 대사물은 염증반응 생산물로 혈관 축소, 화학주성, 발열 등에 작용을 한다.

| 17 | 과목 | 기초의학 | 난이도 | ●●● | 정답 | ⑤ |

㉠ 좌심실이 비후해진다.
㉡ 좌심이 비후해진다.
㉢㉣ 우심실이 비후해진다
㉤ 우심이 비후해진다.

| 18 | 과목 | 기본간호학 | 난이도 | ●○○ | 정답 | ③ |

③ 모든 억제대는 처방이 필요하다.

| 19 | 과목 | 기본간호학 | 난이도 | ●●○ | 정답 | ① |

① Nasal Cannula(비강캐뉼라)에 대한 설명이다.
② Simple Face mask(단순안면 마스크) : 산소 농도는 35 ~ 50% 가량 된다.
③ Non – Rebreather mask(비재호흡 마스크) : 산소 농도는 60 ~ 90% 가량 된다.
④ Tracheostomy Collar(기관절개 칼라) : 고유량 산소 공급 장치로 기관절개관으로 산소를 전달한다.
⑤ Venturi Mask(밴튜리 마스크) : 고유량 산소 공급 장치로 COPD 환자에게 적절하다.

| 20 | 과목 | 간호학 | 난이도 | ●●○ | 정답 | ③ |

간호 표준은 어느 조직에서나 공통되는 것이 아니므로 각 의료기관에 따라 안전하고 효과적인 업무를 이끌 수 있는 개별적인 표준을 설정하여야 한다.

| 21 | 과목 | 기본간호학 | 난이도 | ●●○ | 정답 | ② |

쇼크가 진행될수록 맥박은 빨라지며 사망이 임박한 경우에는 맥박수가 감소한다. 혈압과 맥압은 감소하며 체온조절 기능이 저하되어 체온은 떨어지고 발한 증세를 보인다.

| 22 | 과목 | 기본간호학 | 난이도 | ●●○ | 정답 | ④ |

④ 임종이 임박하면 서맥이 나타난다.

PLUS TIP 임종환자의 신체적 징후

㉠ 근긴장도 상실 : 대화 곤란, 안면근의 이완, 신체 움직임 감소, 괄약근 조절 감소로 요실금 및 요실변
㉡ 순환속도 저하 : 발에서 시작되어 손, 귀, 코 순서로 피부가 차가워짐, 약하고 느려진 맥박
㉢ 혈압 하강, 빠르고 얕으며 불규칙적인 호흡(Cheyne – Stokes 호흡)
㉣ 흐려진 시각, 미각, 후각, 청각 상실

| 23 | 과목 | 기본간호학 | 난이도 | ●●○ | 정답 | ③ |

공복 시 정상 혈당치는 80 ~ 110mg/dl이다.

| 24 | 과목 | 간호학 | 난이도 | ●●○ | 정답 | ③ |

③ 모듈간호는 팀 간호를 정련하고 향상시키기 위해 개발된 방법으로 2 ~ 3명의 간호사가 환자들이 입원하여 퇴원할 때까지 모든 간호를 담당한다. 팀을 작게 유지함으로써 간호계획 수립과 조정활동에 간호사가 더 많이 관여할 수 있고, 팀원들 간의 의사소통에 소요되는 시간을 줄여 환자의 직접간호에 더 많은 시간을 할애한다.

PLUS TIP 간호 전달 체계

간호사가 대상자에게 간호를 제공하기 위하여 책임과 권한을 분담하는 조직구조이다. 간호 단위라는 물리적 공간을 중심으로 간호서비스를 전달하기 위하여 구성 인력들에게 업무를 할당하거나 조직화하는 방법을 말한다.

| 25 | 과목 | 간호학 | 난이도 | ●●○ | 정답 | ④ |

범불안장애의 진단 기준은 공포증, 강박장애, 공황장애 없이 지나친 걱정, 불안이 적어도 6개월 이상, 최소 한 번에 며칠 이상 지속되는 상태이다. 범불안장애는 다양한 신체증상(피로, 불안, 협심통, 두통, 근육통 등)을 동반한다.

| 26 | 과목 | 간호학 | 난이도 | ●●○ | 정답 | ② |

수용 단계 순서에 따라 'ⓐ 부정 → ⓜ 분노 → ⓒ 협상 → ⓓ 우울 → ⓙ 수용'이다.

PLUS TIP 죽음 수용의 5단계

㉠ 부정 : 현실을 믿지 못하고 다른 병원을 찾아다닌다.
㉡ 분노 : 자신에게 일어난 일을 모든 대상에게 분노한다.
㉢ 협상 : 죽음을 미루고 타협을 하려고 한다.
㉣ 우울 : 죽음을 부정하지 않고 상실감과 우울감에 빠진다.
㉤ 수용 : 죽음을 수용하고 마지막을 준비한다.

| 27 | 과목 | 간호학 | 난이도 | ●●○ | 정답 | ③ |

③ 만성 기관지염과 폐기종은 기좌호흡(앉으면 호흡곤란 완화), 노력성 호기량과 폐활량의 감소 등의 공통점이 있다.

28

| 과목 | 간호학 | 난이도 | ●○○ | 정답 | ③ |

⑤ 식후에 진행하면 구토 위험이 높다.
④ 장기에 자극이 갈 수 있다.

29

| 과목 | 간호학 | 난이도 | ●●○ | 정답 | ① |

① **정의의 원칙(분배적 원칙)** : 환자의 권리를 존중하고, 신분이나 부에 상관없이 공정하게 치료를 받도록 해야 한다.
② **선행의 원칙** : 과학과 의학 등과 같이 생명과 관련된 일들은 선을 목적으로 적극적으로 시행되어야 한다.
③⑤ **악행 금지의 원칙(무해성의 원칙)** : 환자에게 해를 끼치는 행위를 해서는 안 된다.
④ **자율성 존중의 원칙** : 개인의 자율성을 최우선으로 존중해야 한다.

30

| 과목 | 간호학 | 난이도 | ●○○ | 정답 | ④ |

④ 인대, 건, 근육 등의 연부조직 손상은 초음파 검사로 확인이 가능하다.

31

| 과목 | 기초의학 | 난이도 | ●○○ | 정답 | ② |

노령, 조기폐경, 가족력, 고콜레스테롤혈증, 당뇨, 비만 등이 관상동맥질환의 위험요인에 해당한다.

32

| 과목 | 기본간호학 | 난이도 | ●○○ | 정답 | ⑤ |

① 대상자와 신뢰를 형성하기 위해서 신체증상을 부정하지 않고 수용해준다.
②⑤ 불안과 두려움의 원인을 파악하고 환자가 언어적으로 표현하도록 돕는 것을 우선적으로 진행해야 하는 것이다.
③ 검사 결과에 이상이 없다면 추가적으로 검사를 진행하지 않는다.
④ 신체에는 이상이 없으므로 불안에 중점을 두고서 간호를 한다.

33 | 과목 | 간호학 | 난이도 | ●●○ | 정답 | ④ |

④ 수혈 시 알레르기 반응 증상이 가벼운 경우라면 잠시 수혈을 중단하고 항히스타민제를 투여한다. 증상이 심할 경우 수혈을 즉시 중단하고 에피네프린을 투여한다.

①② ABO, Rh 부적합으로 발생하는 용혈성 수혈 부작용에 대한 간호중재이다. 증상으로는 저혈압, 빈맥, 발열 등이 있다.

③ 부적절 채혈 혹은 혈액 보관을 했을 시 발생하는 세균 오염 부작용에 대한 간호중재이다. 증상으로는 쇼크나 발열과 함께 오한을 동반한다.

⑤ HLA와 혈소판 항원에 대한 환자의 항체가 공혈자의 백혈구과 혈소판에 작용하여 발생하는 발열성 비용혈성 수혈 부작용에 대한 간호중재이다. 증상으로는 발열과 함께 오한을 동반한다.

34 | 과목 | 기초의학 | 난이도 | ●●○ | 정답 | ② |

② Heparin : 출혈 가능성이 없는 색전성, 혈전성 뇌졸중에 사용하는 약물이다.

① Tissue Plasminogen Activator : 혈전용해 치료법으로 증상 발현 후 3~4시간 이내 투여하고 개시가 **빠를수록 예후가 좋다**.

③ Aspirin : 저용량의 아스피린은 2차 뇌졸중 위험도를 감소시킨다.

④ Phenobarbital : 항경련제로 발작이 나타났을 때 사용한다.

⑤ Statin : 환원효소억제제로 관상동맥질환이나 뇌졸중을 완화시키는 데에 도움을 준다.

35 | 과목 | 간호학 | 난이도 | ●○○ | 정답 | ① |

② 면역반응으로 호중구가 증가한다.

PLUS TIP 베체트병
㉠ 면역반응으로 장기에 반복성·폐쇄성 혈관염이 나타나는 만성 전신질환이다.
㉡ 진단의 주된 기준은 구강 궤양이 나타나고 외음부 궤양, 눈증상, 피부증상이 나타날 때이다. 보조기준으로는 관절염, 장궤양, 부고환염, 혈관질환 등이 있다.

36 | 과목 | 간호학 | 난이도 | ●●○ | 정답 | ③ |

③ **과대망상** : 자신의 지위나 능력을 터무니없이 과장하며 그것을 믿는 망상증상이다.

① **피해망상** : 타인이 자신에게 의도적으로 피해를 주고 있다는 망상증상이다.

② **관계망상** : 자신과 관계없는 상황임에도 자신과 관련되어 있다고 믿는 망상증상이다.

④ **조정망상** : 외부 압력이 자신의 행동이나 생각을 지배한다고 믿는 망상증상이다.

⑤ **색정망상** : 누군가에게 사랑을 받고 있다고 믿는 망상증상이다.

| 37 | 과목 | 기본간호학 | 난이도 | ●●○ | 정답 | ④ |

1L를 9시간 동안 주입하는 것을 단위 변환하면 1,000ml를 540분 동안 주입하는 것이다.
1,000ml/540min = 약 1.85(ml/min)이다.
이 수치를 gtt로 변환하면 1.85 × 15gtt/min로 27.75gtt /min이다.

| 38 | 과목 | 간호학 | 난이도 | ●●○ | 정답 | ② |

① 간결성의 원칙 : 기획 과정을 통해 세워진 계획은 간결하고 명료하게 표현되어야 한다.
③ 균형성의 원칙 : 어떤 계획이든 다른 계획과 업무 사이에서 적절한 균형과 조화가 이루어져야 한다. 동일한 계획 내에서도 목표, 소요 자원, 제반 중요 요소들 간에도 상호균형과 조화가 이루어지도록 한다.
④ 계층화의 원칙 : 기획은 구체화 과정을 통해 가장 큰 것에서부터 연차적으로 계획을 파생시킨다.
⑤ 장래예측의 원칙 : 정확한 예측이 이루어지도록 정확한 정보를 수립해야 한다.

| 39 | 과목 | 간호학 | 난이도 | ●○○ | 정답 | ③ |

③ 굽은 자세, 짧은 보폭과 종종걸음으로 보행한다.
①②④⑤ 중증근무력증 관련 증상이다.

| 40 | 과목 | 간호학 | 난이도 | ●●○ | 정답 | ③ |

③ 등근육의 이완을 위해 Williams 체위를 유지한다.
① 침상안정은 4일 이상 하지 않는다.
② 장시간 서있는 자세는 금기하며 서 있을 때에는 한 쪽 다리를 발판에 올리도록 한다.
④ 침상머리는 편평하게 유지한다.
⑤ 단단한 침요를 사용해야 하며, 통증 관리 시에는 마약성 진통제를 투여한다.

| 41 | 과목 | 기본간호학 | 난이도 | ●●○ | 정답 | ② |

1,000unit : 10ml = 2unit : x

$20\text{ml} = 1{,}000x$

$x = 0.02\text{cc}$

0.02cc 주입해야 한다.

| 42 | 과목 | 기본간호학 | 난이도 | ●●○ | 정답 | ② |

② 페니실린 계열의 약물은 근육주사이므로 Z - track 기법으로 주사한다.
① 주사 부위를 문지르지 않는다.
③④ 정맥주사의 특징이다.
⑤ 재빨리 주사바늘을 제거한다.

PLUS TIP Z - track 기법 주사방법

㉠ 주사침을 삽입하기 전, 주사 놓을 피부와 피하조직을 한쪽으로 2.5 ~ 3cm 정도 잡아당긴다.
㉡ 내관을 빼보고 약물을 주입하는 동안에도 계속 피부를 잡아당겨준다.
㉢ 약물 주입 후, 약 10초 동안 계속 피부를 잡아당기면 근육 조직이 이완되어 약물이 흡수된다.
㉣ 주사침을 재빨리 빼면서 잡아 당겼던 피부를 놓는다.
㉤ 다른 조직 속으로 약물이 스며들 수 있으므로 주사 후, 주사 부위를 문지르지 않는다.

| 43 | 과목 | 간호학 | 난이도 | ●●○ | 정답 | ② |

② 악성 빈혈은 비타민 B12의 결핍으로 발생한다. 비타민 B12는 주로 동물성 음식에 함유되어 있기 때문에 식물성 음식을 섭취하는 채식주의자에게 주로 발생한다.
① 철 결핍성 빈혈의 원인이다.
③ 용혈성 빈혈의 원인이다.
④ 재생불량성 빈혈의 원인이다.
⑤ 판코니 빈혈 환자에게서 볼 수 있는 증상이다.

| 44 | 과목 | 간호학 | 난이도 | ●●○ | 정답 | ③ |

③ 칼슘 흡수를 방해하기 때문에 투여에 유의한다.

| 45 | 과목 | 간호학 | 난이도 | ●●○ | 정답 | ② |

①③ 낮은 의자나 다리를 꼬는 자세는 피하도록 한다.
④ 앉아서 발 받침대를 사용할 경우 다리와 몸이 직각이 되도록 한다.
⑤ 의자에 앉거나 몸을 굽혀야 할 때에는 수술 받은 다리를 뒤로 빼도록 하며 몸은 90° 이상 숙이지 않도록 한다.

| 46 | 과목 | 기본간호학 | 난이도 | ●●○ | 정답 | ③ |

① 90 ~ 120ml를 사용하여 관장을 한다.
② 장내 가스를 배출하는 것은 구풍관장에 해당한다.
④ 글리세린을 장에 주입하는 경우 대변 배출이 용이한 것으로 구충 목적이 아니다.
⑤ 장폐색 환자의 경우 관장은 금기이다.

| 47 | 과목 | 기본간호학 | 난이도 | ●●○ | 정답 | ⑤ |

⑤ 수혈 부작용인 용혈반응에 대한 특징이다. 용혈반응이 나타났을 때는 우선적으로 즉시 수혈을 중단해야 한다.

PLUS TIP 수혈 부작용 용혈반응

㉠ 증상 : 오한, 열, 빈맥, 두통, 저혈압, 호흡곤란, 청색증 등이 있다.
㉡ 간호
 • 수혈 후 첫 15분 동안 15gtt/min로 주입하여 부작용을 관찰한다.
 • 부작용이 나타난 경우, 즉시 수혈을 중단하고 식염수를 정맥 주입한다.

| 48 | 과목 | 기초의학 | 난이도 | ●○○ | 정답 | ③ |

① 구강에서 항문까지 소화관 어느 부위에서나 발병이 가능한 만성 염증성 장질환에 해당한다. 대장과 소장이 연결되는 회맹부에 발생하는 경우가 가장 흔하다.
② 설사는 나타나지만 혈변은 드물다.
④ 식후에 증상이 더욱 악화한다.
⑤ 합병증으로 장폐색, 농양, 천공, 협착, 누공, 영양결핍, 치핵 등이 있다.

| 49 | 과목 | 간호학 | 난이도 | ●●○ | 정답 | ④ |

④ 2시간 이상은 누워있지 않아도 된다.

| 50 | 과목 | 기본간호학 | 난이도 | ●●○ | 정답 | ③ |

③ 액체의 산도가 pH 0 ~ 4일 경우 위액의 산도이다. pH 7 이상일 경우 호흡기 또는 소장 내에 위치하는 것으로 튜브를 제거해야 한다.

| 51 | 과목 | 기초의학 | 난이도 | ●●○ | 정답 | ① |

① 폐포 대식세포는 폐에 있는 유해한 물질을 제거하는 역할을 한다.

| 52 | 과목 | 간호학 | 난이도 | ●○○ | 정답 | ② |

간호관리자의 인화 조성은 간호 단위 관리를 총괄하고 조직의 추구와 목표 달성을 위해 매우 중요하다. 직원의 잘못을 견책하고 시정할 때 인신공격으로 상대방에게 굴욕감을 주는 행위는 피해야 하며, 직원이 어려움을 당했을 때 성심껏 도와주고 관심을 표하도록 한다.

| 53 | 과목 | 간호학 | 난이도 | ●●○ | 정답 | ① |

A씨의 증상은 심근경색증으로 예상된다. 심근경색증은 고지혈증, 비만, 스트레스, 흡연, 과음, 운동 부족 등 잘못된 생활습관으로 인하여 생기는 질환이다. 심근경색의 대표 증상으로는 갑작스러운 가슴통증, 호흡곤란, 식은땀과 구토, 현기증이다. 협심증은 가슴통증이 30분 이상 지속되지 않는다.

| 54 | 과목 | 기본간호학 | 난이도 | ●●○ | 정답 | ⑤ |

⑤ 염산제제는 치아의 에나멜 층을 손상시키고, 구강 점막을 자극하기 때문에 희석하여 투석한다.

| 55 | 과목 | 간호학 | 난이도 | ●●○ | 정답 | ② |

필수예방접종〈감염병의 예방 및 관리에 관한 법률 제24조〉… 디프테리아, 폴리오, 백일해, 홍역, 파상풍, 결핵, 간염, 유행성이하선염, 풍진, 수두, 일본뇌염, b형헤모필루스인플루엔자, 폐렴구균, 인플루엔자, A형간염, 사람유두종바이러스 감염증, 장티푸스, 신증후군출혈열, 그룹 A형 로타바이러스 감염증이 있다.

| 56 | 과목 | 간호학 | 난이도 | ●○○ | 정답 | ⑤ |

⑤ 부교감신경 자극제의 복용은 식도하부 괄약근의 조임 능력을 증가시켜준다.

PLUS TIP GERD(Gastroesophageal Reflux Disease)

위 – 식도 역류 장애이다. GERD는 식도하부 괄약근의 조임의 약화로 일어난다. 흡연, 음주, 카페인, 지방식이, 매운 음식, 비만 등이 악화요인이다.

| 57 | 과목 | 기본간호학 | 난이도 | ●●○ | 정답 | ④ |

〈보기〉의 검사 결과는 호흡성 산증이다.
④ 환자는 호흡성 산증이므로 인공호흡기를 통해 환기를 증진시켜준다.

| 58 | 과목 | 기초의학 | 난이도 | ●●● | 정답 | ① |

② 폐암, 난소암, 유방암, 전립선암 등
③ 간암, 신장암, 폐암, 난소암 등
④ 전립선암
⑤ 위암, 난소암, 췌장암, 대장암 등

| 59 | 과목 | 기초의학 | 난이도 | ●●○ | 정답 | ② |

① 중추신경계에 바이러스가 감염되면서 나타난다. 뇌와 척수의 실질부위에서 염증이 나타난다.
② 바이러스나 면역반응으로 나타나는 것으로 예상되며 뇌나 척수 수초가 부분적으로 소실된다.
③ 뇌의 혈관이 막히거나 파열되면서 뇌경색이나 뇌출혈이 나타난다.
④ 외상으로 뇌에 작은 출혈이 나타나고 두개내압이 상승한다.

| 60 | 과목 | 간호학 | 난이도 | ●●○ | 정답 | ④ |

조조강직은 류마티스 관절염 환자에게 흔히 발생한다. 이를 완화시키기 위해 더운물 목욕이나 따뜻한 물에 통증 부위를 담그게 하는 것을 권장한다.

제 04 회 정답 및 해설

1	2	3	4	5	6	7	8	9	10
③	⑤	④	⑤	④	④	②	⑤	①	④
11	12	13	14	15	16	17	18	19	20
①	④	③	④	④	③	③	③	④	⑤
21	22	23	24	25	26	27	28	29	30
③	①	②	④	②	②	②	④	①	③
31	32	33	34	35	36	37	38	39	40
①	①	④	①	④	⑤	⑤	⑤	③	③
41	42	43	44	45	46	47	48	49	50
③	②	③	③	②	③	④	①	④	②
51	52	53	54	55	56	57	58	59	60
④	④	④	①	④	④	②	①	⑤	①

1

| 과목 | 기본간호학 | 난이도 | ●●○ | 정답 | ③ |

욕창의 내재요인은 요실금·변실금에 의한 축축한 피부, 세균 감염, 영양부족, 고령, 부동, 조직관류 저하 등이 있다. 외부요인은 압력, 마찰력 등이 있다.

PLUS TIP 욕창 단계

㉠ 1단계 : 발적은 있으나 피부 손상은 없다.

㉡ 2단계 : 표피와 진피를 포함한 부분적 피부손상, 수포, 얕은 궤양, 찰과상이 발생한다.

㉢ 3단계 : 심부 피부조직이 손실되어 건막에 가까운 깊은 진피 손상과 조직괴사가 발생한다.

㉣ 4단계 : 조직괴사, 근육, 뼈, 지지조직의 광범위한 손상과 조직괴사를 포함한 완전한 피부상실이 발생한다.

2

| 과목 | 간호학 | 난이도 | ●●○ | 정답 | ⑤ |

Heparin은 항응고제로 Antithrombin Ⅲ의 항응고 작용을 촉진하고, 혈중 농도 유지를 위해 aPTT를 모니터링을 해야 한다. 출혈 및 혈소판 감소증의 부작용이 있지만 태반은 통과하지 못하므로 임신 중에서 사용 가능하다.

3

| 과목 | 간호학 | 난이도 | ●●○ | 정답 | ④ |

ⓒ 항혈소판제의 복용은 혈전으로 인한 뇌경색의 위험이 높은 사람들에게 필요한 예방법이다.

PLUS TIP 지주막하출혈(SAH)

동맥류 파열, 뇌 외상, 코카인의 남용으로 흔히 발생하는 것이다. 동맥류 예방을 위한 고혈압 관리 교육과 동맥류 파열 후 재출혈 예방교육이 필요하다. 또한 코카인과 같은 중독성 약물의 남용은 지주막하 출혈의 위험요인이므로 예방교육이 필요하다.

4

| 과목 | 기본간호학 | 난이도 | ●●○ | 정답 | ⑤ |

⑤ 세기관지 폐포음 : 기도를 통해 움직이는 공기로 형성된 정상호흡음이다.
① 나음 : 점액이 있는 기도로 공기가 통과할 때 나는 비정상호흡음이다.
② 수포음 : 분비물이 있을 때 나는 소리로 비정상호흡음이다.
③ 천명음 : 기관지벽이 좁아져 진동에 의해 생긴 고음의 연속적인 휘파람소리로 비정상호흡음이다.
④ 늑막 마찰음 : 장측과 벽측늑막 염증 시 발생하는 비정상호흡음이다.

5

| 과목 | 간호학 | 난이도 | ●●○ | 정답 | ④ |

저나트륨혈증의 원인은 금식 혹은 저염식 등이 있으며 호흡곤란과 오심, 구토, 복부경련, 수포음의 증상이 나타난다. 반면 고나트륨혈증(Hypernatremia)의 증상으로는 갈증, 체온 상승, 기면, 혼수 등이 있다.

6

| 과목 | 간호학 | 난이도 | ●●○ | 정답 | ④ |

①③ 일반적 윤리
②⑤ 전문직으로서의 윤리

| 7 | 과목 | 기본간호학 | 난이도 | ●●○ | 정답 | ② |

② 제5뇌신경은 삼차 신경으로 측두근, 저작근과 안면(안신경, 상악신경, 하악신경) 등을 관여하는 기능을 한다. 운동 신경을 검사할 때 이를 꽉 다물게 하여 측두근과 저작근을 촉진하고, 눈을 감았을 때 이마, 뺨의 통각 검사를 실시하여 감각 신경을 검진한다. 각막 반사를 실시할 땐 각막에 면봉을 대어 눈물이 흐르는지 확인한다.
① 제7뇌신경(안면 신경) 검진 방법이다.
③ 제8뇌신경(청각, 평형감각) 검진 방법이다.
④ 제12뇌신경(설하 신경) 검진 방법이다.
⑤ 제9뇌신경(설인 신경)과 제10뇌신경(미주 신경) 검진 방법이다.

| 8 | 과목 | 간호학 | 난이도 | ●○○ | 정답 | ⑤ |

주의 의무란 의료(간호)행위 각 단계에서 환자에게 유해한 결과가 발생되지 않도록 의식을 주의집중 할 의무를 말한다. 이를 위반할 시에는 법률상 책임이 발생된다.

| 9 | 과목 | 간호학 | 난이도 | ●●○ | 정답 | ① |

① 수술 부위의 팔을 움직이게 하면서 회복을 돕는다.

| 10 | 과목 | 기본간호학 | 난이도 | ●○○ | 정답 | ④ |

④ 낙상예방을 위해 침상안정만을 하면 근력 소실, 부동으로 인한 근력저하 등 다른 합병증이 발생할 수 있으므로 거동이 가능하다면 낙상에 주의하며 간단한 활동을 하도록 한다. 또한, 침대 높이를 높이면 낙상위험이 증가한다.

| 11 | 과목 | 기초의학 | 난이도 | ●●○ | 정답 | ① |

① Acetycholine(아세틸콜린) : 신경자극을 근육에 전달한다.
② Dopamine(도파민) : 체내에서 생산되는 물질로 감소하면 파킨슨 발생 위험이 늘어난다.
③ GABA : 뇌척수액에 포함된 억제성 신경전달물질이다.
④ Histamine(히스타민) : 시상하부에서 방출되고 염증과 알레르기 작용을 유발한다.
⑤ Serotonin(세로토닌) : 감정, 행동, 기분 등의 조절에 관여한다.

| 12 | 과목 | 간호학 | 난이도 | ●●○ | 정답 | ④ |

PLUS TIP 간호관리 체계모형
㉠ 투입 : 인력, 물자, 자금, 시설, 설비, 정보 등
㉡ 전환: 간호 기획 기능, 간호 조직 기능, 간호 인적자원 관리기능, 간호지휘지능, 간호통제기능
㉢ 산출 : 간호서비스의 질, 환자만족, 간호사 만족, 이직률

| 13 | 과목 | 기본간호학 | 난이도 | ●○○ | 정답 | ③ |

60sec / 20gtt = 3으로 3초당 1방울이다.

| 14 | 과목 | 기초의학 | 난이도 | ●●○ | 정답 | ④ |

쿠싱증후군은 코르티코스테로이드가 생산되면서 글루코르티코스테로이드의 과잉으로 발생한다. 뇌하수체 전엽에서 분비되는 부신피질자극호르몬(ACTH)은 부신을 과도하게 자극하여 과잉 생산되고, 종양, 외인성 스테로이드에 의하여 발생한다.

| 15 | 과목 | 기초의학 | 난이도 | ●●○ | 정답 | ④ |

① 노화에 따라서 기능이 감소되면서 나타나는 것이다.
② 절단 등의 요인으로 발생한다.
③ 종양에 의한 압박으로 발생한다.
⑤ 호르몬 자극이 줄면서 발생한다.

| 16 | 과목 | 간호학 | 난이도 | ●●○ | 정답 | ③ |

③ 간호사는 간호대상자를 간호의 전 과정에 참여시키며, 충분한 정보 제공과 설명으로 대상자가 스스로 의사결정을 하도록 돕는다.

| 17 | 과목 | 기초의학 | 난이도 | ●●○ | 정답 | ③ |

④ 수분섭취로 소변을 희석하고 세균이 성장하는 것을 방지한다.
① 너무 잦은 질 세척은 오히려 정상 세균을 사멸시키므로 질에 세균을 증가시킬 수 있다. 청결유지는 중요하지만 잦은 세척은 하지 않는다.
② 비타민 C 섭취로 소변을 산성화 한다.
③ 휴식이 필요하지만 침상안정은 적절한 간호중재는 아니다.
⑤ 지속적으로 유치도뇨관을 적용하면 오히려 요로 감염이 발생할 수 있으므로 최소화 한다.

| 18 | 과목 | 간호학 | 난이도 | ●●○ | 정답 | ③ |

③ 에스트로겐의 감소로 여성의 비뇨·생식기계는 위축되어 질상피가 얇아지고 질의 윤활성, 탄력성은 감소한다. 또한 질의 pH는 증가하여 위축성 질염을 유발할 수 있다.
① 자율신경계 불안정으로 혈관의 수축과 이완장애가 발생하고 열감, 야간발한, 수족냉증, 무딘 감각 등의 증상이 나타난다.
② 갱년기 여성은 에스트로겐이 감소하여 총콜레스테롤과 저밀도 지질단백질의 혈중농도가 높고, 고밀도 지질단백질의 혈중농도가 낮아 관상동맥질환이나 동맥경화증, 고혈압의 발생위험이 높아진다.
④ 에스트로겐이 부족하면 진피와 표피가 얇아지고 피부의 교원질 양이 감소한다.
⑤ 에스트로겐은 골형성을 돕고 골흡수를 방해하여 골성장과 골밀도를 증가시킨다. 갱년기 여성은 에스트로겐이 감소하여 골밀도가 낮고 이는 골다공증의 발생률을 증가시킨다.

| 19 | 과목 | 간호학 | 난이도 | ●○○ | 정답 | ④ |

① 땀이 많이 날 수 있는 고강도 운동은 수분을 배출하므로 삼가는 것이 좋다.
② 인산이 많은 달걀이나 콩의 섭취는 제한한다.
③ 칼슘은 적당량 섭취해야 한다.
⑤ 비타민 C를 섭취하여 소변을 산성화 하고 원인균의 성장을 방지한다. 비타민 D는 신결석을 생성시킬 수 있으므로 섭취를 제한한다.

| 20 | 과목 | 기초의학 | 난이도 | ●○○ | 정답 | ⑤ |

①② 스테로이드의 양이 증가하면서 발생하는 요인이 된다.
③ 인슐린 저항성을 높여서 당뇨의 가장 큰 요인이 된다.
④ 제1형 당뇨병은 HLA 염색체와 연관이 되어 유전적 요인이 있다.

| 21 | 과목 | 간호학 | 난이도 | ●○○ | 정답 | ③ |

③ 제3급감염병에 해당한다.

PLUS TIP 제2급감염병〈감염병의 예방 및 관리에 관한 법률 제2조〉

결핵(結核), 수두(水痘), 홍역(紅疫), 콜레라, 장티푸스, 파라티푸스, 세균성이질, 장출혈성대장균감염증, A형간염, 백일해(百日咳), 유행성이하선염(流行性耳下腺炎), 풍진(風疹), 폴리오, 수막구균 감염증, b형헤모필루스인플루엔자, 폐렴구균 감염증, 한센병, 성홍열, 반코마이신내성황색포도알균(VRSA) 감염증, 카바페넴내성장내세균목(CRE) 감염증, E형간염

| 22 | 과목 | 기본간호학 | 난이도 | ●○○ | 정답 | ① |

1g = 1,000mg

1mg = 1,000mcg

1g = 1,000mg = 1,000,000mcg

| 23 | 과목 | 기본간호학 | 난이도 | ●○○ | 정답 | ② |

② 역격리는 양압으로 유지한다. 양압 격리는 바깥 공기가 병실로 들어오지 않도록 1기압보다 높게 유지하며 음압 격리는 병실 공기가 밖으로 나가지 않도록 1기압보다 낮게 유지하는 것이다.

| 24 | 과목 | 간호학 | 난이도 | ●●○ | 정답 | ④ |

②④ 수포가 발생하고 약 6일 동안은 전염기간에 해당한다. 환자를 격리하여 전염을 방지한다.

① 소양증 완화와 청결유지를 위해서 비누를 사용하지 않고 목욕을 진행한다.

③ 아스피린은 수두 환자에게는 금기이다.

| 25 | 과목 | 간호학 | 난이도 | ●○○ | 정답 | ② |

역학조사의 내용〈감염병의 예방 및 관리에 관한 법률 시행령 제12조 제1항, 제2항〉
㉠ 감염병환자 등 및 감염병 의심자의 인적 사항
㉡ 감염병환자 등의 발병일 및 발병 장소
㉢ 감염병의 감염원인 및 감염경로
㉣ 감염병환자 등 및 감염병 의심자에 관한 진료기록
㉤ 그 밖에 감염병의 원인 규명과 관련된 사항
㉥ 예방접종 후 이상반응자의 인적 사항
㉦ 예방접종기관, 접종일시 및 접종내용
㉧ 예방접종 후 이상반응에 관한 진료기록
㉨ 예방접종약에 관한 사항
㉩ 그 밖에 예방접종 후 이상반응의 원인 규명과 관련된 사항

| 26 | 과목 | 간호학 | 난이도 | ●●○ | 정답 | ② |

소화성 궤양 환자의 약물요법으로 히스타민 수용체 길항제, 프로톤펌프억제제(PPI), 제산제, 프로스타글란틴 유사체 등이 있다. 우유, 알코올, 카페인 등은 불편감을 초래할 수 있다.

| 27 | 과목 | 기본간호학 | 난이도 | ●●○ | 정답 | ② |

② 흡수성 폐쇄드레싱으로 삼출물이 젤 형태로 변화하면서 조직을 재생시킨다. 2 ~ 4단계 욕창에 사용한다.
① 배액이 적고 감염으로 괴사된 상처에 주로 사용한다.
③ 삼출액 적은 상처의 1차 드레싱 방법이다.
④ 상처에 수분 제공과 사강(Dead Space)을 채워주며, 티눈, 수술 상처 등에도 사용한다.
⑤ 상처 표면에 수분을 제공하며, 삼출물이 되는 상처나 티눈 등에도 사용한다.

| 28 | 과목 | 간호학 | 난이도 | ●●○ | 정답 | ④ |

㉢ 투베르쿨린 반응검사는 피내주사를 한다.
㉤ 정맥주사는 많은 용량을 서서히 투여할 때 사용한다.

| 29 | 과목 | 간호학 | 난이도 | ●●○ | 정답 | ① |

폐기종 환자에게는 폐인성 심질환, 특히 우심부전이 발생한다. 우심부전은 호흡곤란, 정맥울혈로 인한 경적맥 팽대, 중심정맥압 상승, 사지 요흔성 부종 등의 증상이 나타난다.

| 30 | 과목 | 기본간호학 | 난이도 | ●●○ | 정답 | ③ |

① 5분 이내로 흡인을 진행한다.
② 아동의 적정 흡인압력은 95~100mmHg이다.
④ 진단 목적으로 흡인을 하면서 분비물을 채취한다.
⑤ 점막이 손상될 수 있으므로 비정상적인 호흡음이 들리는 경우에만 시행한다.

| 31 | 과목 | 간호학 | 난이도 | ●●○ | 정답 | ① |

급성 통증에 대한 설명이다. 요산이 과잉으로 생산되거나 퓨린 대사의 유전적 결함으로 발생하는 질환이다. 급성기에는 NSAIDs(비스테로이드항염증제)를 사용하여 치료를 하고, 만성의 경우에는 allopurinol을 사용한다. 절대 안정을 취해야 한다.

| 32 | 과목 | 기본간호학 | 난이도 | ●○○ | 정답 | ① |

② 앙와위 : 똑바로 누운 자세이다.
③ 심스위 : 무의식 환자의 구강 내 분비물 배출을 돕는 자세이다.
④ 잭나이프 : 항문 수술이나 요도 카테터 삽입에 사용되는 자세이다.
⑤ 파울러씨 : 머리를 높여주는 자세로 호흡을 편하게 해주는 자세이다.

| 33 | 과목 | 간호학 | 난이도 | ●●○ | 정답 | ④ |

④ 진료에 소요되는 약제와 재료비를 별도로 산정하고, 의료인이 제공한 진료행위를 항목별로 가격을 책정하여 진료비를 지급하도록 하는 행위별 수가제에 대한 설명이다.

| 34 | 과목 | 기본간호학 | 난이도 | ●●○ | 정답 | ① |

② 위액의 경우 pH 1~4이므로 제거하지 않아도 된다.
③ 단기 영양을 하는 대상자에게 적용한다.
④ 직경이 큰 비위관을 사용하는 경우 흡인의 위험성이 증가하므로 사용하지 않는다.
⑤ 제거 직전에는 숨 쉬는 것을 멈추게 하여 내용물이 흡인되지 않게 한다.

| 35 | 과목 | 간호학 | 난이도 | ●●○ | 정답 | ④ |

④ 주입 후 멸균된 물을 통과시켜 찌꺼기가 남지 않도록 깨끗이 씻어낸다.
① 영아가 팔 다리를 움직여 튜브를 잡아당기지 못하도록 미라 억제를 하는 것이 좋다.
② 실내 온도로 데운 우유를 주입한다. 뜨거우면 점막을 자극하고 차가우면 혈관 수축을 일으킨다.
③ 주입 전 소량의 공기를 주입하여 공기가 들어가는 소리를 확인하고 주입한 만큼 공기를 제거한다.
⑤ 삽입 길이는 코끝에서 귓불을 거쳐 흉골의 검상돌기까지이다.

| 36 | 과목 | 기본간호학 | 난이도 | ●○○ | 정답 | ⑤ |

ⓒ 적어도 6 ~ 8시간 전에는 금식상태를 유지한다.
ⓔ Phenytoin(Dilantin)는 갑작스럽게 투여를 중단하면 상태가 악화될 수 있으므로 주치의와 상의 후에 중단한다.

| 37 | 과목 | 기초의학 | 난이도 | ●●○ | 정답 | ⑤ |

⑤ 손목에 근접한 요골에서 골절이 일어나는 Colles 골절이다.

| 38 | 과목 | 기초의학 | 난이도 | ●●○ | 정답 | ⑤ |

⑤ Digitalis(디기탈리스 제제) : 심박출량이 저하된 심부전에 효과적이며 빠르게 심실반응을 조절한다. 다만, 독성 증상으로 오심, 구토, 설사, 심계항진, 부정맥 등과 시각변화가 유발될 수 있다. 디기탈리스 제제 수치가 혈청 농도 2ug/L 이상, 혈청 칼륨수치가 3mEq/L 미만 또는 혈청 마그네슘 수치가 낮은 경우에 발생한다.
① Aldosterone antagonist(알도스테론 길항제) : 칼륨보존 이뇨제로 소변 배설을 촉진하여 전부하를 낮추는 역할이다.
② Vasohypotonic(혈관확장제) : 전부하, 후부하를 감소시켜 심근의 작업부하를 완화한다.
③ Beta blocker(베타차단제) : 교감신경계 효과를 억제하여 심박수, 혈압을 낮춘다.
④ ACEI(안지오텐신전환효소억제제) : 혈관확장을 통해 혈압을 낮추고 혈류량을 증가시킨다.

| 39 | 과목 | 간호학 | 난이도 | ●●○ | 정답 | ③ |

① 이식증 : 만 1세 ~ 2세의 아동에게 주로 나타나는 증상으로 흙이나 모래, 머리카락 등을 반복적으로 먹는 증상이다.
② 반추 장애 : 만 1세 유아에게 나타나는 증상으로 음식물이 반복적으로 역류하여 역류된 음식을 되씹는 증상이다.
④ 신경성 폭식증 : 폭식 후 체중 증가를 피하기 위해 구토를 반복하는 증상이다.
⑤ 신경성 식욕부진 : 체중 증가에 대한 두려움으로 음식을 극단적으로 섭취하지 않으려는 증상이다.

PLUSTIP 폭식 장애

신경성 폭식증과는 다르게 체중감소에 집착하지 않는다. 배가 고프지 않아도 폭식하며 폭식 후 자기혐오감에 빠지는 것이 특징이다.

| 40 | 과목 | 간호학 | 난이도 | ●●○ | 정답 | ③ |

①②④ 편도절제술 후 Aspirin 복용, 빨대 사용, 가래 뱉기, 코풀기는 출혈을 유발할 수 있다.
⑤ 차갑고 부드러운 음식을 제공한다.

| 41 | 과목 | 간호학 | 난이도 | ●●○ | 정답 | ③ |

③ 부종 감소와 배액 촉진 위한 반좌위(45°)를 취해준다.
① 수분 섭취를 격려한다.
② 냉찜질을 적용한다.
④ 기침이나 코를 푸는 행위로 수술 부위 압력을 증가시키지 않도록 한다.
⑤ 분비물은 뱉어내게 하며 코는 가볍게 닦아낸다.

| 42 | 과목 | 기초의학 | 난이도 | ●●○ | 정답 | ② |

② IgE는 즉시형 과민반응으로 알레르기 반응을 일으키고 호염기구를 활성화 시킨다.

| 43 | 과목 | 간호학 | 난이도 | ●●○ | 정답 | ③ |

① 눈을 비비지 못하도록 수면 중 보호용 안대를 착용하게 한다.
② 밝은 환경에 노출되지 않도록 하며, 노출 시 검은 안경을 착용하도록 한다.
④ 안압 상승을 예방하기 위해 안구 마사지는 삼간다.
⑤ 수술 부위를 확인하며 출혈양상을 관찰하고 측위 시 수술 부위 방향으로 눕는 것을 제한한다.

| 44 | 과목 | 간호학 | 난이도 | ●●○ | 정답 | ③ |

③ 철분 흡수를 방해하므로 우유는 섭취를 제한한다.

PLUS TIP 철분 결핍성 빈혈
㉠ 원인: 혈장량이 늘어나면서 임부의 몸에 태아의 철분 요구량 증가로 철분농도가 감소하면서 발생한다.
㉡ 증상: 산후 출혈이 나타날 수 있고 감염이 자주 발생한다.
㉢ 간호중재: 철분제를 복용한다.

| 45 | 과목 | 간호학 | 난이도 | ●●○ | 정답 | ② |

〈보기〉는 환자의 의사결정 과정을 평가하는 과정적 접근법에 대한 설명이다.

PLUS TIP 도나베디안(Donabedian)의 질 평가 접근법
㉠ 구조적 접근법: 간호사 제공되는 구조에 초점
㉡ 과정적 접근법: 건강제공자의 활동에 초점
㉢ 결과적 접근법: 대상자의 건강상태와 간호결과에 대한 대상자의 만족에 초점

| 46 | 과목 | 기본간호학 | 난이도 | ●●○ | 정답 | ③ |

① 홍역: 공기전파
② 풍진: 직·간접 접촉, 비말전파
④ 백일해: 직·간접 접촉
⑤ 소아마비: 매개전파

| 47 | 과목 | 간호학 | 난이도 | ●●○ | 정답 | ④ |

① 병원환경에서 습도는 35 ~ 74%가 적절하다.
② 병원의 벽은 낮은 채도와 높은 명도를 가진다.
③ 병실 소음의 최대 허용치는 30dB이다.
⑤ 중환자실이나 수술실, 결핵 병동의 환기를 자주 시킬 경우 병원 감염을 일으킬 위험이 있다.

| 48 | 과목 | 간호학 | 난이도 | ●●○ | 정답 | ① |

① 영아의 대표적인 성장지표이다.

PLUS TIP DDST(Denver Developmental Screening Test)
아동의 잠재적 발달문제와 위험성 검사로 개인 사회성 발달, 미세운동 및 적응, 전체운동, 언어를 통해 확인한다.

| 49 | 과목 | 기본간호학 | 난이도 | ●○○ | 정답 | ④ |

① 혼수 : 모든 자극에 반응이 없다.
② 반혼수 : 통증자극은 피하려고 하지만 근육의 움직임이 거의 없다.
③ 혼미 : 지속적이고 강한 자극에만 반응을 보인다.
⑤ 명료 : 정상적인 의식상태로 자극에 적절한 반응을 즉시 보인다.

| 50 | 과목 | 간호학 | 난이도 | ●●○ | 정답 | ② |

② 일측성 청력 손실이 올 수 있다.
①⑤ 이뇨제와 저염식이로 부종을 완화할 수 있다.
③ 카페인과 설탕, 음주는 삼가는 것이 좋다.
④ 머리 움직임을 제한하고 편평한 바닥에 누워 눈을 감고 안정을 취한다.

| 51 | 과목 | 간호학 | 난이도 | ●●○ | 정답 | ④ |

①② Levodopa의 흡수를 억제하고 효과를 감소시키므로 섭취를 금한다.
③⑤ 기립성 저혈압의 위험이 있으므로 열탕 및 사우나를 금하고 체위 변경은 서서히 진행하도록 한다.

| 52 | 과목 | 기본간호학 | 난이도 | ●○○ | 정답 | ④ |

① 카페인이 있는 코코아 대신 염분이 포함된 수분을 섭취하는 것이 좋다.
② 환기를 시켜 방안에 냉기가 돌도록 한다.
③ 미온수로 목욕한다.
⑤ 고열 환자에게는 온요법을 제공하지 않는다.

| 53 | 과목 | 기초의학 | 난이도 | ●●○ | 정답 | ④ |

화학요법은 질환이 여러 장기로 퍼져 있거나, 아직 발견되지 않았지만 전이의 위험이 높거나, 수술로 종양 제거가 어렵고 방사선에 저항이 있을 때 시행한다. 수술 후 재발의 정도는 예측할 수 없다.

| 54 | 과목 | 기초의학 | 난이도 | ●●○ | 정답 | ① |

① H2 수용체 차단제(H2 Blocker)는 위산 분비를 억제하는 제제이다.

PLUS TIP HIV(Human Immunodeficiency Virus) 치료제

뉴클레오사이드 역전사효소 억제제(NRTIs), 비뉴클레오사이드 역전사효소 억제제(NNRTIs), 단백분해효소 억제제(PIs), 통합 효소 저해제(INSTIs), CCR5길항제, 막융합억제제 6가지로 분류된다.

| 55 | 과목 | 기본간호학 | 난이도 | ●○○ | 정답 | ④ |

① 발가락 사이에는 바르지 않는다.
② 직선으로 자른다.
③ 혈액순환을 위해 넉넉한 신발을 신는다.
⑤ 하지순환을 방해하는 무거운 이불은 피한다.

| 56 | 과목 | 기본간호학 | 난이도 | ●○○ | 정답 | ④ |

① 잔기량은 폐활량에 해당하지 않는다.

| 57 | 과목 | 간호학 | 난이도 | ●●○ | 정답 | ② |

절박유산 시 약물 투여는 요구되지 않으며 침상안정을 취하면 임신을 유지할 수 있다.

| 58 | 과목 | 간호학 | 난이도 | ●●○ | 정답 | ① |

① **접근성** : 시간이나 거리 등의 요인에 의해 의료서비스의 비용에 제한을 받는 정도이다.
② **효율성** : 의료서비스의 제공 시 자원이 불필요하게 소모되지 않고 효율적으로 활용되었는지에 대한 정도이다.
③ **지속성** : 의료서비스의 시간적·지리적 연결 정도와 상관성을 말한다.
④ **형평성** : 보건의료의 분배와 주민에 대한 혜택에서의 공정성을 결정하는 원칙에 대한 순응을 의미한다.
⑤ **이용자 만족도** : 의료서비스에 대한 이용자의 판단을 말한다.

| 59 | 과목 | 기초의학 | 난이도 | ●●○ | 정답 | ⑤ |

⑤ 양성 종양은 성장 속도가 느리며 성장범위가 한정되어 있다. 수술로 제거했을 경우 재발은 거의 없다.
①②③④는 악성 종양의 특징이다.

| 60 | 과목 | 기초의학 | 난이도 | ●●○ | 정답 | ① |

① 저칼슘혈증 시 발생하는 손가락, 입 주위 감각 이상, 테타티, 경련은 부갑상샘기능저하증에서 발생한다.
② 부갑상샘 호르몬은 뼈를 파괴시켜 뼈로부터 칼슘의 유리를 자극하고, 신장과 위장에서의 칼슘 흡수를 증가시키며 소변으로 인산염 손실을 증가시켜 인산의 흡수를 저해한다.
③ 원발성 부갑상샘기능항진증은 대부분 양성 종양, 단일 부갑상샘증에 의해 부갑상샘 호르몬이 과다 생성될 때 발생한다.
④ 이차성 부갑상샘기능항진증은 비타민 D 결핍 또는 만성 신부전 시 혈청 칼슘 농도가 낮아 부갑상샘 호르몬 생성이 증가한다.
⑤ 부갑상샘기능항진증은 혈청 칼슘농도가 증가하여 고칼슘혈증이 되고 혈청인산 농도는 감소한다. 합병증으로는 골절, 결석, 심한 복통, 심부전, 소화 장애가 있다.

● 문제 106page

제 05 회 | 정답 및 해설

1	2	3	4	5	6	7	8	9	10
③	①	⑤	③	④	①	③	②	④	④
11	12	13	14	15	16	172	18	19	20
②	④	③	⑤	④	⑤	③	⑤	①	①
21	22	23	24	25	26	27	28	29	30
⑤	⑤	③	③	④	⑤	②	⑤	④	②
31	32	33	34	35	36	37	38	39	40
④	①	③	③	②	④	①	⑤	①	②
41	42	43	44	45	46	47	48	49	50
⑤	③	③	④	③	③	①	②	②	④
51	52	53	54	55	56	57	58	59	60
①	①	⑤	②	②	③	①	①	②	①

1

| 과목 | 간호학 | 난이도 | ●●○ | 정답 | ③ |

① 공기 중에 에어로졸이 없어질 때까지 충분한 시간이 지난 후 청소해야 한다.
② 방문객을 제한하고 응급실 소아 환자의 보호자 수 역시 제한한다.
④⑤ 법정감염병 격리병실 사용 중인 환자에서 발생한 폐기물은 격리의료폐기물에 해당한다.

2

| 과목 | 기본간호학 | 난이도 | ●●○ | 정답 | ① |

② 장폐색 : 복부통증, 복부팽만, 장음소실, 구토 증상이 나타난다.
③ 무기폐 : 호흡곤란, 빈맥, 빈호흡, 발한, 흉통 등의 증상이 나타난다.
④ 상처 감염 : 발적, 압통, 체온 상승 등의 증상이 나타난다.
⑤ 요로 감염 : 배뇨곤란, 탁한 소변, 하복부 통증, 긴박뇨 증상이 나타난다.

| 3 | 과목 | 간호학 | 난이도 | ●●○ | 정답 | ⑤ |

⑤ 부드러운 칫솔을 사용하여 구강간호를 실시한다.

| 4 | 과목 | 기본간호학 | 난이도 | ●○○ | 정답 | ③ |

① 파막이 되지 않으면 노란색이 나온다. 조기파막이 나타난 경우에는 청색이 나타난다.
② 다산부가 초산부보다 흔하다.
④ 촉진이 잘 된다.
⑤ 자궁크기가 감소한다.

| 5 | 과목 | 기본간호학 | 난이도 | ●●○ | 정답 | ④ |

①②③⑤ 세포외액량이 과다해서 나타나는 증상이다.

| 6 | 과목 | 기본간호학 | 난이도 | ●○○ | 정답 | ① |

① 탄수화물의 유형에는 포도당, 과당, 갈락토오스, 전분, 글리코겐 등이 있다.
② 지질의 지방산이다.
③④ 무기질에 해당한다.
⑤ 비타민에 해당한다.

| 7 | 과목 | 간호학 | 난이도 | ●○○ | 정답 | ③ |

간호정보체계는 간호정보를 수용하고 분류하는 하나의 방법으로 자료 수집과 조직화를 위해 사용되는 시스템이다.

| 8 | 과목 | 기본간호학 | 난이도 | ●●○ | 정답 | ② |

$$cc/hr = \frac{6\,mcg \times 50\,kg \times 60\,\min}{농도} = \frac{18{,}000}{농도}(mcg/hr)$$

PLUS TIP 농도 구하기

$300ml : 500mg = 1ml : x$

$= 500 / 300$

$= 1.6 \times 1{,}000 = 1{,}600 mcg$

$cc/hr = \dfrac{18{,}000}{1{,}600} = 11.25 cc/hr$

| 9 | 과목 | 간호학 | 난이도 | ●●○ | 정답 | ④ |

④ 항콜린제(Anticholinergics)를 투여하여 기관지를 확장시키도록 한다.
① 차고 건조한 공기는 천식발작을 유발한다.
② 호흡이 편하도록 환자가 편안한 자세를 취하게 한다.
③ 호흡곤란으로 인해 대화가 어려우므로 최대한 대화를 삼간다.
⑤ 천식을 유발하는 알레르기원이 될 수 있으므로 치료 약물로 옳지 않다.

| 10 | 과목 | 간호학 | 난이도 | ●●○ | 정답 | ④ |

노인과 의사소통을 할 때는 기억력 감소를 고려하여 간결하게 대화하는 것이 좋다. 대화를 이해할 수 있도록 충분한 시간을 갖고 반복적으로 설명하며 그림을 이용하거나 얼굴을 보며 천천히 대화하는 것이 좋다.

| 11 | 과목 | 간호학 | 난이도 | ●●○ | 정답 | ② |

갑작스런 신기능의 상실로 혈액 내 요소와 크레아티닌이 상승하며 신장의 여과기능이 갑작스럽게 상실되나 회복이 가능하다. 증상으로는 무뇨 또는 핍뇨가 있으며, 요 배설량이 1일 400ml 이하로 감소한다. 부종과 체중증가, 빈혈, 고혈압, 단백뇨를 동반하며 요독증이 나타난다.

| 12 | 과목 | 기본간호학 | 난이도 | ●●○ | 정답 | ④ |

혈액에 의한 감염으로는 B형 간염, C형 간염, HIV, 매독 등이 있다.

| 13 | 과목 | 간호학 | 난이도 | ●●○ | 정답 | ③ |

PLUS TIP 자료수집방법

㉠ 1차 자료
- 간호사가 직접적으로 관찰하고, 보고, 듣고, 환경에서 나는 냄새를 직접 맡음으로써 얻어지는 자료를 말한다.
- 간호사는 가족이 구두로 제공한 정보뿐만 아니라 관찰내용도 주의 깊게 기록한다.

㉡ 2차 자료
- 가족에 관련된 중요한 타인, 보건 및 사회기관의 직원, 가족의 주치의, 성직자, 건강기록지 등 다양한 자료를 통해서 가족에 관한 정보를 얻을 수 있다.
- 자료를 이용하고자 할 때는 가족의 구두 또는 서면 동의를 받는 것이 필요한데, 이는 간호사가 가족의 비밀을 지킬 의무이며 치료적인 관계에서 신뢰감을 증진하는 방법이다.
- 2차 자료는 정확하게 대상자가 지각한 내용이기보다는 제3자가 가족을 보는 지각정도를 나타낸다.

| 14 | 과목 | 기본간호학 | 난이도 | ●●○ | 정답 | ⑤ |

① 호기종말 양압 호흡
② 보조 조절 환기
③ 간헐 필수 환기
④ 지속 양압 호흡

| 15 | 과목 | 간호학 | 난이도 | ●●○ | 정답 | ④ |

① 2 ~ 4L의 산소를 투여한다.
② 절대안정을 위해 샤워 등의 개인위생은 제한한다.
③ Warfarin은 항응고제로 심근경색 간호중재에 적절하지 않다.
⑤ 반좌위 자세로 환자가 편안한 자세를 취하도록 한다.

| 16 | 과목 | 기본간호학 | 난이도 | ●○○ | 정답 | ⑤ |

① 혈장 내 칼륨 농도 3.5mEq/L 이하이다.
② 약간 상승한 P파가 나타난다.
③ 호흡은 약해진다.
④ 맥박은 약해진다.

| 17 | 과목 | 기본간호학 | 난이도 | ●●○ | 정답 | ③ |

③ 이뇨제를 사용하면 혈압이 감소한다.
① 연령이 증가하면서 혈압은 상승한다.
② 스트레스와 같은 상황에 교감신경이 자극되면서 혈압이 상승한다.
④ 말초혈관이 수축하면서 혈관에 저항력이 증가하고 혈압이 상승한다.
⑤ 운동은 심박출량을 높여서 혈압을 상승시킨다.

| 18 | 과목 | 간호학 | 난이도 | ●●○ | 정답 | ⑤ |

①② 변화 단계 : 변화를 위한 대안을 구체적으로 탐색하고 목적과 목표를 설정하여 이를 어떻게 달성할 것인지에 대해 결정하고 선택된 대안 실천 단계이다.
③ 해빙 단계 : 변화 필요성, 문제인식, 문제 해결을 통해 변화하고자 하는 동기를 갖는 단계로 조직구성원이 기꺼이 변화하려면 변화를 통해 자신의 업무가 향상될 수 있다는 믿음이 있어야 한다. 구성원에게 변화의 필요를 인식시키기 위해 개인에게 작용하고 있는 힘을 재편성하는 과정이다.
④ 재결빙 단계 : 변화를 직원 개인의 인격과 통합시켜 변화가 조직에 정착되고 지속되게 하는 단계이다.

| 19 | 과목 | 기본간호학 | 난이도 | ●●○ | 정답 | ① |

② 간 쇠고기나 익지 않은 고기를 매개로 발생한다.
③ 유제품, 샐러드 등에 의해 발생한다.
④ 생굴, 날것의 조개 등에 의해 발생한다.
⑤ 우유, 계란 요리 등에 의해서 발생한다.

| 20 | 과목 | 간호학 | 난이도 | ●●○ | 정답 | ① |

일차성 레이노는 특별한 원인이나 기저질환이 없이 발생하는 것을 말하며, 이차성 레이노는 류마티스 질환, 동맥 폐쇄성 질환, 적혈구 증가증과 같은 원인으로 인해 발생한다. 주로 젊은 여성에게서 발병한다.

| 21 | 과목 | 기본간호학 | 난이도 | ●●○ | 정답 | ⑤ |

① 과산화수소의 농도는 3% 정도로 한다. 과산화수소를 물과 1:3 비율로 한다.
② 상기도 감염 예방을 위해서 시행한다.
③ 입에서 분비물이 흘러나오도록 고개를 옆으로 돌려서 기도흡인을 예방한다.
④ 2~4시간 간격으로 자주 구강간호를 시행하는 것이 좋다.

| 22 | 과목 | 간호학 | 난이도 | ●○○ | 정답 | ⑤ |

〈보기〉에 나오는 질환은 자가면역성 질환으로 발생하는 공통점이 있다.

📖 PLUS TIP 자가면역성 질환의 종류
㉠ 전신질환 : 전신홍반루푸스, 류마티스 관절염 등
㉡ 소화기계 : 크론병
㉢ 내분비계 : 갑상샘염, 에디슨 병 등
㉣ 신경계 : 다발성 경화증, 중증 근무력증 등

| 23 | 과목 | 기본간호학 | 난이도 | ●○○ | 정답 | ③ |

①② 염증기에서 관찰되는 반응이다.
④⑤ 성숙기에서 관찰되는 반응이다.

| 24 | 과목 | 기본간호학 | 난이도 | ●●○ | 정답 | ④ |

④ 기관절개관이 갑자기 빠진 경우, 지혈겸자 또는 확장기를 사용하여 기관지공을 열려있는 상태로 유지하는 것이 가장 우선적으로 이루어야 하는 간호이다. 흡인이나 AMBU – bag을 통한 산소공급 등은 기관내삽관을 확보하고 유지된 후 이루어져야 한다.

| 25 | 과목 | 기본간호학 | 난이도 | ●●○ | 정답 | ④ |

④ 화재 발생 시 대피 순서에 따라 스스로 움직이며 이동능력이 있는 환자부터 대피시킨다.

> **PLUS TIP** 병원 화재 발생 시 대처
> ㉠ 화재 경보 울리기 → 산소통 잠금 → 환자 대피 → 중요 서류 운반 → 대피 환자 상태 파악
> ㉡ 환자 대피 순서: 이동능력이 있는 환자 → 보조기구 사용 환자 → 거동 불가능 환자 순으로 대피시킨다.

| 26 | 과목 | 간호학 | 난이도 | ●●○ | 정답 | ⑤ |

보통 임신기간은 마지막 월경일(LMP)에서 280일이다. 분만예정일(EDC)는 네겔법칙에 따라 추정하는데 LMP 첫 날에 +1년, -3개월 혹은 +9개월, +7일로 계산한다.

| 27 | 과목 | 기본간호학 | 난이도 | ●○○ | 정답 | ② |

② 잘못 기록한 경우 밑줄을 긋고 error라고 적은 다음 서명하고 아래에 다시 작성한다.

| 28 | 과목 | 간호학 | 난이도 | ●●● | 정답 | ⑤ |

⑤ 뇌수막염으로 예상되는 질병이다. 광선 공포가 있을 수 있으므로 방안을 어둡게 하여 주위 자극을 감소시킨다.

> **PLUS TIP** 뇌수막염 3대 징후
> ㉠ 케르니그 징후: 환자의 대퇴를 복부 쪽으로 굽혀준다. 무릎은 대퇴와 90°를 이루도록 신전시켰을 때 대퇴후면의 통증과 무릎의 저항과 통증을 느낀다.
> ㉡ 브루진스키 징후: 목을 굽혔을 때 목의 통증과 하지에 굴곡이 생긴다.
> ㉢ 경부 강직: 목을 굽혔을 때 목이 뻣뻣해지고 통증이 동반한다.

| 29 | 과목 | 간호학 | 난이도 | ●●○ | 정답 | ④ |

환자를 이해하는 태도로 반응이 없더라도 대화를 한다. 이때, 지나치게 적극적인 모습으로 접근하는 것을 피하도록 한다. 혼자 두는 것은 자살의 위험이 있으며 동정심을 가지고 환자를 대하거나 함께 우울한 모습을 보일 경우 환자는 오히려 절망하며 더욱 무력감에 빠질 수 있으니 피한다.

| 30 | 과목 | 기본간호학 | 난이도 | ●○○ | 정답 | ② |

② 신생아 체온 측정에 우선적으로 사용된다.
① 신생아에게 사용이 금기된다.
④ 영아나 어린 아이에게 많이 사용한다.
⑤ 신생아 측정 시 천공에 주의해야 한다.

| 31 | 과목 | 간호학 | 난이도 | ●●● | 정답 | ④ |

④ 측위는 호흡곤란을 더 높일 수 있다. 좌위를 취하게 한다.
② 심근수축력과 심박출량을 늘려서 폐울혈을 완화한다.
⑤ 폐울혈과 호흡곤란을 완화할 수 있다.

| 32 | 과목 | 기초의학 | 난이도 | ●●● | 정답 | ① |

㉠㉡㉢ 베타용혈성 연쇄상구균에 의해서 급성인두염, 성홍열, 봉와직염 등이 발생할 수 있다.
㉣㉤ 알파용혈성 포도상구균 감염에 의해서 발생하는 것으로 폐렴, 중이염, 부비동염, 심내막염 등이 발생한다.
㉥ 그람음성 장내 세균에 의한 감염이다.

| 33 | 과목 | 기초의학 | 난이도 | ●●○ | 정답 | ③ |

③ Clostridium tetani은 파상풍균으로 파상풍이 발생한다.

| 34 | 과목 | 기초의학 | 난이도 | ●●○ | 정답 | ③ |

Carbamazepine는 항경련제에 해당한다. 뇌전증, 삼차신경통, 조울병 등에 효능이 있다. 부작용으로는 흔하게 백혈구 감소증, 부종, 저나트륨혈증, 어지러움, 복시, 두통, 시야 혼탁, 청각 장애, 구토, 골수 억제, 두드러기 등이 나타난다.

| 35 | 과목 | 성인간호학 | 난이도 | ●●○ | 정답 | ② |

② 심부정맥혈전증(DVT, Deep Vein Thrombosis)의 혈전이 떨어져 나갈 수 있으므로 마사지는 하지 않는다.

| 36 | 과목 | 기초의학 | 난이도 | ●●○ | 정답 | ④ |

① 중성구 42~81%
② 림프구 10~47%
③ 단핵구 0~10%
⑤ 호염기구 0~1%

| 37 | 과목 | 간호학 | 난이도 | ●●○ | 정답 | ① |

① 3개월 : 되면 신장이 생성되며 태아의 성 감별이 가능하다. 도플러로 태아심박동을 들을 수 있는 시기이다.
② 4개월 : 머리카락이 보이며 소변이 양수로 배출되는 시기이다.
③ 5개월 : 솜털이 나기 시작하며 청진기로도 태아심박동을 들을 수 있는 시기이다.
④ 6개월 : 머리카락이 뚜렷해지며 태아의 성장이 빨라진다.
⑤ 7개월 : 피부 주름이 감소하고 청각이 발달한다.

| 38 | 과목 | 기본간호학 | 난이도 | ●●○ | 정답 | ⑤ |

대사성 알칼리증은 HCO_3^-와 pH가 높아서 발생하는 것으로 위산 부족, 저칼륨혈증, 포타슘의 저하, 쿠싱증후군 등에 의해서 발생한다.

| 39 | 과목 | 기본간호학 | 난이도 | ●●○ | 정답 | ① |

② 팔꿈치는 15° 가량 굽혀서 사용하게 한다.
③ 불편하지 않은 다리에 지팡이를 세운다.
④ 세 발 이상 있는 지팡이를 사용하는 것이 안전하다.
⑤ 액와에 압박이 가지 않기 때문에 적절하지 않은 간호교육이다.

| 40 | 과목 | 기본간호학 | 난이도 | ●●○ | 정답 | ② |

② 소화기능 회복할 때까지는 금식을 유지한다. 정맥으로 수액 공급하거나 TPN(총비경구영양)으로 고열량식이 투여한다.
⑤ 혈전성 정맥염 예방을 위해 필요하다.

| 41 | 과목 | 기본간호학 | 난이도 | ●○○ | 정답 | ⑤ |

'혈소판 응집 → 섬유소 응고 형성 → 염증 반응 → 상피 재생 → 조직 성숙'의 순으로 상처치유가 일어난다.

| 42 | 과목 | 간호학 | 난이도 | ●○○ | 정답 | ③ |

③ 골다공증을 예방하기 위해서는 칼슘과 마그네슘, 비타민 D 섭취량은 늘리는 것이 좋으며, 단백질은 적당량을 섭취하는 것이 좋다.

| 43 | 과목 | 간호학 | 난이도 | ●●○ | 정답 | ③ |

③ 주사침을 45°나 90° 각도로 밀어 넣는다.

PLUS TIP 인슐린 주사방법

㉠ 적절한 주사 부위 선택 후, 알코올로 주사할 부위를 소독한다.
㉡ 피부를 엄지와 집게손가락으로 들어 올려 잡고 피부 폭의 1/2 정도 되는 깊이 까지 바늘 길이 고려하여 45° 또는 90° 주사한다.
㉢ 신속하게 주사바늘을 제거하고 소독 솜으로 살짝 눌러준다.

| 44 | 과목 | 간호학 | 난이도 | ●○○ | 정답 | ④ |

④ 제7뇌신경(안면신경)은 혀의 앞쪽 2/3, 맛의 감각과 얼굴 표정을 포함한 안면근육 운동, 타액 조절을 한다. 웃기, 이마 찡그리기, 주름 짓기 등 얼굴의 운동 기능으로 사정한다.

| 45 | 과목 | 간호학 | 난이도 | ●●○ | 정답 | ③ |

① 근본원인분석 : 과오의 재발을 예방하기 위한 체계적 변화에 중점을 두는 후향적 검토 방법이다.
② TQM : 전사적 품질경영으로 총체적 질 관리를 의미하며 설정된 기준 이상으로 지속적인 질 향상을 추구한다.
④ 6 - 시그마 : 모든 서비스와 상품의 불량률이나 결함을 줄이고 고객만족을 높이기 위한 질 향상 활동 방법이다.
⑤ 린 생산방식 : 작업 공정 혁신을 통해 비용은 줄이고 생산성은 높이는 것으로, 숙련된 기술자들의 편성과 자동화 기계의 사용으로 적정량의 제품을 생산하는 방식이다.

| 46 | 과목 | 간호학 | 난이도 | ●●○ | 정답 | ③ |

③ 객혈이 선홍색, 토혈이 암적색을 띈다.

| 47 | 과목 | 간호학 | 난이도 | ●○○ | 정답 | ① |

② 무해의 원칙
③ 정의의 원칙
④⑤ 선행의 원칙

PLUS TIP 자율성 존중의 원칙

㉠ 자율성은 스스로 계획하고 수행할 수 있는 스스로의 역량이다.
㉡ 자율성 원칙은 자신들의 안녕에 영향을 주는 사건이 있을 때 결정에 참여시키도록 해야 한다는 원칙이다.

| 48 | 과목 | 기본간호학 | 난이도 | ●●○ | 정답 | ② |

② 투베르쿨린 반응검사는 피내주사로 흡수가 가장 느리다.

PLUS TIP 투베르쿨린 반응검사 피내주사 주사방법

㉠ 1ml 주사기에 0.9ml의 증류수와 처방된 주사약 0.1ml를 뽑아 희석하여 0.1 ~ 0.3ml 약물 준비한다.
㉡ 주사 부위 선택 후, 주사 부위 안팎 5cm를 둥글게 소독한다.
㉢ 주사침의 사면이 위로 오도록 한 후, 약 15°의 각도로 2mm 정도 진피층으로 주사침을 밀어 넣는다.
㉣ 표피 아래 3 ~ 4mm 크기의 작은 물집이 형성되도록 약물 주입한다.
㉤ 재빨리 주사침을 제거하고 주사 부위를 문지르지 않는다.
㉥ 낭포의 둘레를 표시하고 주사약명과 시간을 기록한다.
㉦ 48 ~ 72시간 후 확인한다.

| 49 | 과목 | 간호학 | 난이도 | ●●○ | 정답 | ② |

VDT(Visual Display Terminal)증후군은 컴퓨터, 스마트폰을 사용하며 나타나는 통증을 칭하는 질병이다. 스트레스, 피로와 관련이 깊으며 수면장애, 안구건조증, 손목터널 증후군 등의 증상을 가진다. 반복적인 스트레칭으로 치료가 가능하다. 공기색전증은 혈관에 들어간 공기가 혈류의 흐름을 막는 것이 원인이다.

| 50 | 과목 | 간호학 | 난이도 | ●○○ | 정답 | ④ |

① 고지방, 고단백, 저탄수화물 식이를 섭취해야 한다.
② 식후에는 누워서 쉬어야 한다.
③ 음식물의 양을 줄인다.
⑤ 식전 1시간에서 식후 2시간 사이에는 수분 섭취를 제한한다.

| 51 | 과목 | 간호학 | 난이도 | ●○○ | 정답 | ① |

② 급성 혈뇨로 소변량이 감소하면서 부종과 고혈압이 나타나기도 한다.
③ 혈뇨, 단백뇨가 특징적인 소변양상이다.
④ 혈청 크레아티닌의 수치는 증가하고, 혈청 알부민은 정상수치이거나 정상보다 약간 낮은 수치이다.
⑤ 커피색, 콜라색의 진한 갈색의 소변이 나타난다.

| 52 | 과목 | 간호학 | 난이도 | ●●○ | 정답 | ① |

① 대상포진은 말초감각 신경로를 따라 발생한다.

| 53 | 과목 | 간호학 | 난이도 | ●●○ | 정답 | ⑤ |

아스피린 중독 증상으로는 구토, 경련, 이명, 방향감각 상실 외에 발한, 오심, 빈뇨증, 혼수 등이 있다.

| 54 | 과목 | 기본간호학 | 난이도 | ●○○ | 정답 | ② |

① 가루로 된 약제에 해당한다.
③ 분말 약제를 압축시켜서 만든 약제에 해당한다.
④ 수성 현탁액으로 외용약이다.
⑤ 생약 성분에서 추출하여 농축한 진액에 해당한다.

| 55 | 과목 | 간호학 | 난이도 | ●○○ | 정답 | ② |

Hoffman's 검사는 심부정맥 혈전증 진단검사이다.

| 56 | 과목 | 기본간호학 | 난이도 | ●●○ | 정답 | ③ |

폐포는 호흡의 기능적 단위이며 호흡계와 순환계 사이 기체교환이 일어나는 곳이다.

| 57 | 과목 | 간호학 | 난이도 | ●●○ | 정답 | ① |

마케팅 믹스는 기업이 마케팅 목표에 따라 설정한 시장표적에 마케팅 활동을 집중시키기 위해 사용하는 모든 투입변수 등을 해당 기업의 환경과 상황에 맞게, 그리고 마케팅 효과가 최대화되도록 배합하는 마케팅전략이다. 야간 진료, 중환자실의 보호자실 설치, 응급실 진료 등은 제품 자체를 통해 마케팅 활동하는 제품전략에 해당한다.

| 58 | 과목 | 기초의학 | 난이도 | ●●○ | 정답 | ① |

② vasopressin(바소프레신) : 세동맥 수축제이다. 식도 정맥류 출혈에 사용된다.
③ Lasix(라식스) : 루프성 이뇨제로 부종 치료에 사용된다.
④ Acetaminophen(아세트아미노펜) : 진통해열제이다. 간 손상 위험성이 있다.
⑤ Phenytoin(페니토인) : 신경세포와 심근조직의 세포막을 안정시키는 약물로 간 질환이 있을 때는 피해야 한다.

| 59 | 과목 | 간호학 | 난이도 | ●●○ | 정답 | ② |

기관지 환자가 많은 인구집단에 부합하는 기관지전문병원을 개원하였으므로 의료의 질 구성요소 중 적합성과 관련이 있다.

PLUS TIP Meyer의 고전적 의료의 질의 구성요소

효과성, 효율성, 기술 수준, 접근성, 가용성, 이용자 만족도, 지속성, 적합성

| 60 | 과목 | 기초의학 | 난이도 | ●●○ | 정답 | ① |

② 수면장애가 있는 경우 메틸페니데이트는 아침과 점심에 복용하는 것을 권장한다.
③ 클로니딘은 가루로 복용하거나 씹어서 먹으면 안된다.
④ 메틸페니데이트는 뇌에서 도파민과 노르에피네프린을 증가시킨다.
⑤ 클로니딘은 불면증, 식욕저하, 신경과민과 같은 부작용은 없으나 피로, 두통, 변비 등이 나타날 수 있다.

고생한 나에게 주는 선물! 머리가 어지러울 때
시험이 끝나고 하고 싶은 일들을 하나씩 적어보세요.

01

02

03

04

05

06

07

08

09

10

성공하기 전에는 항상 그것이 불가능한 것처럼 보이기 마련이다. - 넬슨 만델라

서울특별시 서울의료원

(전공)필기시험 실력평가 모의고사

서울특별시 서울의료원

(전공)필기시험 답안평가표(용)

성명

성

생년월일

절 취 선

서울특별시 서울의료원

(전공)필기시험 실력평가 모의고사

성 명

생 년 월 일							
⓪	⓪	⓪	⓪	⓪	⓪	⓪	⓪
①	①	①	①	①	①	①	①
②	②	②	②	②	②	②	②
③	③	③	③	③	③	③	③
④	④	④	④	④	④	④	④
⑤	⑤	⑤	⑤	⑤	⑤	⑤	⑤
⑥	⑥	⑥	⑥	⑥	⑥	⑥	⑥
⑦	⑦	⑦	⑦	⑦	⑦	⑦	⑦
⑧	⑧	⑧	⑧	⑧	⑧	⑧	⑧
⑨	⑨	⑨	⑨	⑨	⑨	⑨	⑨

1	① ② ③ ④ ⑤	21	① ② ③ ④ ⑤	41	① ② ③ ④ ⑤
2	① ② ③ ④ ⑤	22	① ② ③ ④ ⑤	42	① ② ③ ④ ⑤
3	① ② ③ ④ ⑤	23	① ② ③ ④ ⑤	43	① ② ③ ④ ⑤
4	① ② ③ ④ ⑤	24	① ② ③ ④ ⑤	44	① ② ③ ④ ⑤
5	① ② ③ ④ ⑤	25	① ② ③ ④ ⑤	45	① ② ③ ④ ⑤
6	① ② ③ ④ ⑤	26	① ② ③ ④ ⑤	46	① ② ③ ④ ⑤
7	① ② ③ ④ ⑤	27	① ② ③ ④ ⑤	47	① ② ③ ④ ⑤
8	① ② ③ ④ ⑤	28	① ② ③ ④ ⑤	48	① ② ③ ④ ⑤
9	① ② ③ ④ ⑤	29	① ② ③ ④ ⑤	49	① ② ③ ④ ⑤
10	① ② ③ ④ ⑤	30	① ② ③ ④ ⑤	50	① ② ③ ④ ⑤
11	① ② ③ ④ ⑤	31	① ② ③ ④ ⑤	51	① ② ③ ④ ⑤
12	① ② ③ ④ ⑤	32	① ② ③ ④ ⑤	52	① ② ③ ④ ⑤
13	① ② ③ ④ ⑤	33	① ② ③ ④ ⑤	53	① ② ③ ④ ⑤
14	① ② ③ ④ ⑤	34	① ② ③ ④ ⑤	54	① ② ③ ④ ⑤
15	① ② ③ ④ ⑤	35	① ② ③ ④ ⑤	55	① ② ③ ④ ⑤
16	① ② ③ ④ ⑤	36	① ② ③ ④ ⑤	56	① ② ③ ④ ⑤
17	① ② ③ ④ ⑤	37	① ② ③ ④ ⑤	57	① ② ③ ④ ⑤
18	① ② ③ ④ ⑤	38	① ② ③ ④ ⑤	58	① ② ③ ④ ⑤
19	① ② ③ ④ ⑤	39	① ② ③ ④ ⑤	59	① ② ③ ④ ⑤
20	① ② ③ ④ ⑤	40	① ② ③ ④ ⑤	60	① ② ③ ④ ⑤

서울특별시 교육청

(전공)교과시험 실력평가 모의고사

절 취 선

서울특별시 서울의료원

(전공)필기시험 실력평가 모의고사

성 명

생	년	월	일				
⓪	⓪	⓪	⓪	⓪	⓪	⓪	⓪
①	①	①	①	①	①	①	①
②	②	②	②	②	②	②	②
③	③	③	③	③	③	③	③
④	④	④	④	④	④	④	④
⑤	⑤	⑤	⑤	⑤	⑤	⑤	⑤
⑥	⑥	⑥	⑥	⑥	⑥	⑥	⑥
⑦	⑦	⑦	⑦	⑦	⑦	⑦	⑦
⑧	⑧	⑧	⑧	⑧	⑧	⑧	⑧
⑨	⑨	⑨	⑨	⑨	⑨	⑨	⑨

1	① ② ③ ④ ⑤	21	① ② ③ ④ ⑤	41	① ② ③ ④ ⑤
2	① ② ③ ④ ⑤	22	① ② ③ ④ ⑤	42	① ② ③ ④ ⑤
3	① ② ③ ④ ⑤	23	① ② ③ ④ ⑤	43	① ② ③ ④ ⑤
4	① ② ③ ④ ⑤	24	① ② ③ ④ ⑤	44	① ② ③ ④ ⑤
5	① ② ③ ④ ⑤	25	① ② ③ ④ ⑤	45	① ② ③ ④ ⑤
6	① ② ③ ④ ⑤	26	① ② ③ ④ ⑤	46	① ② ③ ④ ⑤
7	① ② ③ ④ ⑤	27	① ② ③ ④ ⑤	47	① ② ③ ④ ⑤
8	① ② ③ ④ ⑤	28	① ② ③ ④ ⑤	48	① ② ③ ④ ⑤
9	① ② ③ ④ ⑤	29	① ② ③ ④ ⑤	49	① ② ③ ④ ⑤
10	① ② ③ ④ ⑤	30	① ② ③ ④ ⑤	50	① ② ③ ④ ⑤
11	① ② ③ ④ ⑤	31	① ② ③ ④ ⑤	51	① ② ③ ④ ⑤
12	① ② ③ ④ ⑤	32	① ② ③ ④ ⑤	52	① ② ③ ④ ⑤
13	① ② ③ ④ ⑤	33	① ② ③ ④ ⑤	53	① ② ③ ④ ⑤
14	① ② ③ ④ ⑤	34	① ② ③ ④ ⑤	54	① ② ③ ④ ⑤
15	① ② ③ ④ ⑤	35	① ② ③ ④ ⑤	55	① ② ③ ④ ⑤
16	① ② ③ ④ ⑤	36	① ② ③ ④ ⑤	56	① ② ③ ④ ⑤
17	① ② ③ ④ ⑤	37	① ② ③ ④ ⑤	57	① ② ③ ④ ⑤
18	① ② ③ ④ ⑤	38	① ② ③ ④ ⑤	58	① ② ③ ④ ⑤
19	① ② ③ ④ ⑤	39	① ② ③ ④ ⑤	59	① ② ③ ④ ⑤
20	① ② ③ ④ ⑤	40	① ② ③ ④ ⑤	60	① ② ③ ④ ⑤

자격증

한번에 따기 위한 서원각 교재

한 권에 준비하기 시리즈 / 기출문제 정복하기 시리즈를 통해 자격증 준비하자!